短视频这么玩更赚钱

李非黛 著

中国经济出版社
CHINA ECONOMIC PUBLISHING HOUSE
·北京·

图书在版编目（CIP）数据

短视频这么玩更赚钱 / 李非黛著. -- 北京: 中国经济出版社, 2020.10

ISBN 978-7-5136-6312-0

Ⅰ.①短… Ⅱ.①李… Ⅲ.①网络营销 Ⅳ.①F713.365.2

中国版本图书馆CIP数据核字（2020）第169792号

责任编辑 李 丰 闫 丽

责任印制 巢新强

版式设计 吕 夏

封面设计 任燕飞工作室

出版发行 中国经济出版社

印 刷 者 北京富泰印刷有限责任公司

经 销 者 各地新华书店

开　　本 880mm×1230mm 1/32

印　　张 9

字　　数 150千字

版　　次 2020年10月第1版

印　　次 2020年10月第1次

定　　价 48.00元

广告经营许可证 京西工商广字第8179号

中国经济出版社 **网址** www.economyph.com **社址** 北京市东城区安定门外大街58号 **邮编** 100011

本版图书如存在印装质量问题，请与本社销售中心联系调换（联系电话：010－57512564）

前言

在生活中，你是否也经常会遇见这样的情景？坐地铁时，总有人低着头捧着手机刷着短视频；刷朋友圈时，各式各样的短视频分享层出不穷；一有闲暇时光，朋友们就会拉着你一起拍个短视频……这一切告诉我们：短视频真的“火”了！

在“泛娱乐化”的今天，短视频已经强势“侵入”了我们的生活。不仅如此，我们的消费行为也在无形之中受到了它的巨大影响。如果认真观察你一定会发现，如今，短视频的“病毒”式传播已经蔓延到了各大电商平台，时不时就会引发一波跟风购买的潮流，薄饼锅、蟑螂抱枕、刷鞋海绵、妖娆花音箱、小猪佩奇手表等常见的普通商品纷纷被短视频带“火”，淘宝上的“抖音同款”“快手神器”卖到脱销……不仅仅是在线上，在线下，短视频也带“火”了一批网红实体店，比如答案奶茶、泡面小食堂以及各地的网红餐饮店等。

如今，短视频已经成了一块精准的带货营销之地。随着5G时代的到来，超低延时、虚拟现实、远程操控等技术将会得到广泛应用，短视频的火爆程度只会“更上一层楼”。

短视频的火爆，也在一定程度上带动了短视频运营的火爆。在我们身边，越来越多的人正在加入短视频运营大军，试图在巨大的流量高地中分得一杯羹。必须承认，在人人都是“自媒体”的“泛娱乐化”时代，想尝试拍摄制作短视频并不难，一部手机、一个App账号、一段随手拍视频，上传就可以搞定，但要成为一名专业的短视频运营人员却并不容易。作为一个热门职业、一项专业技术，短视频运营涉及养号、拍摄、剪辑、文案、吸粉、引流等诸多内容，其中的门道和技巧绝不是三言两语就能说清楚的，更不是拍两段视频就可以搞定的。

看到这里，相信许多读者都会产生这样的疑问：短视频运营究竟应该怎样做？作为最早一批加入短视频运营团队的“吃螃蟹”之人，在过去的几年，我算得上是短视频红利的受益者。在不断摸索、实践、打磨的过程中，我总结出了一套系统翔实的短视频实操运营方法。于是，便诞生了本书。

本书从价值分析、养号指南、拍摄剪辑、内容公式、涨粉实战、精准引流、短视频+直播和变现八个维度全面介绍了短视频运营的实操方法和进阶技巧。总结起来，本书主要有以下几大特色：

【轻松入门，易学易懂】本书采用图文结合模式，内容由浅入深、通俗易懂。不管你是短视频运营小白还是带货高手，阅读本书，都能受益匪浅。

【详细指导，实操性强】本书以方法论为主，操作性强，涉及短视频运营的每一个环节。阅读本书，让你快速成为短视频达人。

【案例丰富，借鉴性强】本书采集了大量案例，精挑新颖、典型、好玩的故事，可复制，可借鉴，力求让你站在别人的肩膀上看得更高更远。

最后，我想和大家分享一句诗词："长风破浪会有时，直挂云帆济沧海。"如果你也有短视频运营的兴趣，如果你也想同我一样成为时代风口的追风者和受益者，不妨让本书开启你的短视频运营之路吧！

目 录

↗ 第1章

价值分析：5G时代下，短视频成为生活标配

忽如一夜春风来，短视频火了，它已然成为人们生活中不可或缺的重要组成，成为“流量级”的电商营销新渠道。毫不夸张地说，在未来，谁掌握了短视频运营技巧，谁就能抢占流量高地，收获更多流量红利。

C O N T E N T S

↗第2章

养号指南：六大步骤养出一个百万大号

为什么短视频运营之路困难重重？关键在于运营者没有掌握好短视频养号的技巧与规律。尤其是对于运营新手而言，稍不留神，短视频账号就会被降权。因此，掌握养号的细节和方法，是打造百万粉丝大号的重要前提。

↗第3章

拍摄剪辑：从0到1，制作一个能带货的短视频

正所谓“巧妇难为无米之炊”，要想玩转短视频运营，拍摄出抓人眼球、直指人心的优质短视频至关重要。而要做到这一点，就要求短视频运营者掌握好拍摄方法和剪辑技巧。

C O N T E N T S

↗第 4 章

内容公式：如何将创意落地，让内容成为带货利器

无论什么时代，“内容为王”对传播者来说都是永恒的箴言。用户始终对短视频内容保持着高度期待，所以以高质量内容为核心、以别出心裁的创意为依托的短视频，是短视频运营者赢得用户青睐的法宝。

第 5 章

涨粉实战：你有多少粉丝，就拥有多少硬通货

在现实的短视频运营中，有的账号坐拥百万、千万粉丝，有的账号却无人问津。毋庸置疑，在粉丝经济时代，粉丝越多，短视频账号就越有价值。那么，短视频账号如何才能实现快速涨粉呢？阅读本章内容，或许你会找到答案。

CONTENTS

↗第 6 章

精准引流：五大最快引流法，让你的产品疯传、裂变、狂卖

没有强大的粉丝基础，短视频运营就是不现实的“空中阁楼”。短视频运营的核心就在于流量。如今，随着短视频运营竞争的“红海”化，精准引流已经成为短视频运营环节的重中之重。

↗第 7 章

短视频 + 直播：5G 红利下，各行各业带货的利器

有人这样总结到："3G 是图文时代，4G 是视频时代，5G 是播商时代。"短视频与直播相结合的模式，已经成为行业主流。这也意味着，短视频运营者要想抢占市场先机，实现流量变现，一定要拿起直播这一利器。

C O N T E N T S

↗第 8 章

短视频变现：四大变现方式，选择对了你就赚钱了

归根到底，运营短视频的最终目的就是实现流量变现。正所谓流量在哪儿，钱就在哪儿。掌握了短视频变现的方法，也就掌握了短视频赚钱的秘籍。

第 1 章

价值分析：

5G 时代下，短视频成为生活标配

忽如一夜春风来，短视频火了，它已然成为人们生活中不可或缺的重要组成，成为“流量级”的电商营销新渠道。毫不夸张地说，在未来，谁掌握了短视频运营技巧，谁就能抢占流量高地，收获更多流量红利。

- 价值分析：5G 时代下，短视频成为生活标配
  - ①短视频 =5G 红利风口
    - 短视频热度居高不下
      - 快手日活破 3 亿
      - 抖音日活破 4 亿
    - 短视频是 5G 红利风口之一
      - 数据 +IT 的智能化趋势
      - 私域流量的精细化运营
      - 实体店与线上店的有机融合
    - 速度快、高容量与低延迟
      - 打通虚拟与现实
      - 大数据精准营销
      - 消费产品不断被创新
    - 短视频的营销特点
      - “病毒式”的传播速度
      - 数据效果可视化
      - 可持续性发展
      - 高互动性
  - ②短视频开创内容电商 2.0 时代
    - “抖商”1.0 时代
    - “播商”2.0 时代
    - “黑马时代”助力“播商”
      - 流量优化
      - 新人成长扶持
      - 多元商业化服务
  - ③短视频的四大商业价值
    - 汇聚流量
    - 人群画像
    - 精准引流
    - 高效变现
  - ④“短视频 +”，新玩法 Get！
    - 短视频 + 电商
    - 短视频 + 自媒体
    - 短视频 + H5
  - ⑤短视频未来发展的五大趋势
    - 发展全平台化
    - 市场下沉化
    - 参与全民化
    - 内容垂直化
    - 产业链完善化

1.1　短视频 =5G 红利风口

雷军说："站在风口上，猪都可以飞起来。"意思是说，把握住时机，能够让我们更容易取得成功。如今的时代"风口"，便是"5G"的盛行，这个新的"风口"，将会带动越来越多的产业发展，而短视频行业，将在"5G时代"的带领下，越飞越高。

1.1.1　短视频现状：热度居高不下

据快手大数据研究院发布的《2019快手内容报告》显示：快手日活量在2020年初已突破3亿；而《2019抖音数据报告》也显示：抖音在2020年初，日活跃用户数量已经突破了4亿（见图1-1）。

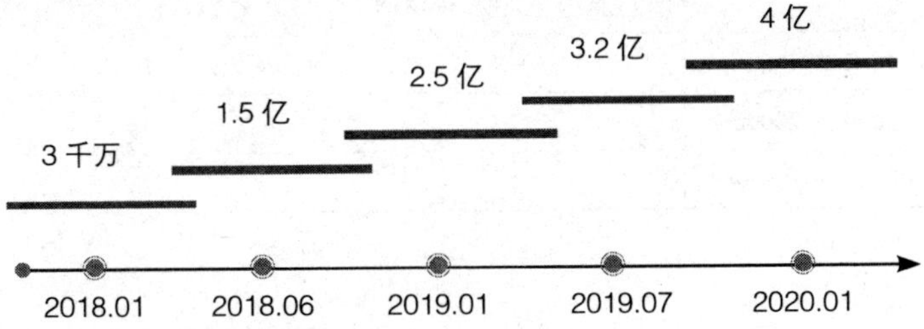

数据来源：《2019 抖音数据报告》

图 1-1　2018 ～ 2019 年抖音日活跃用户数

这两份数据报告也向我们传递了一个信号：如今，短视频平台已经成为流量的重要聚集地，有许多企业都依托短视频成功实现了品牌营销与产品销售。

【案例分享】

食品类的“三只松鼠”在抖音企业蓝V排行榜中排名第一，粉丝量已经达到231.6万。抖音短视频平台俨然已经成为“三只松鼠”的宣传与推广平台，“三只松鼠”用搞笑段子+情景化的演绎+萌形象短视频内容增加消费者黏度，成功打造了品牌大IP。

其实，不仅是企业，如今，各路网红、KOL[①]也通过短视频实现了引流变现。例如，李佳琦的短视频广告费用已经达到令人咂舌的程度。根据“广告狂人”的推文显示，李佳琦的短视频广告刊例价高达95万元一条，抵得上办公室普通白领10年的工资。

表 1-1　千万粉丝级抖音网红的广告报价情况

报价区间	达人数量（广告时长：20 秒以内）	达人数量（广告时长：21 ~ 60 秒）
10 万元以下	18	10
100000 ~ 200000	39	31
200001 ~ 300000	19	23

① KOL是营销学上的概念，指关键意见领袖，通常被定义为：拥有更多、更准确的产品信息，且为相关群体所接受或信任，并对该群体的购买行为有较大影响力的人。

续表

报价区间	达人数量（广告时长：20 秒以内）	达人数量（广告时长：21 ~ 60 秒）
300001 ~ 500000	6	13
50 万元以上	6	11

数据来源：星图

由表1－1可见，短视频的暴利，正让越来越多的人涌入该领域，试图通过吸引流量，接广告实现变现。基于此，短视频平台便成为众多企业、电商、个人的引流圣地（这也是短视频热度居高不下最重要的因素之一）。

可以预测的是，未来，在很长一段时间内，短视频的热度都将持续保持，甚至随着5G的加入，短视频将会被注入更多的发展动力，走向更高的台阶。

据此，“看了吗”视频产品总监王勇曾针对短视频行业，率先提出了“短视频＋”战略。他认为现今的短视频不仅是用户获得信息的渠道，也是获得服务的一种连接方式。例如，“短视频+广告”“短视频+IP”等，让用户可以获得相应的产品推荐服务。

1.1.2　短视频：5G 风口的大趋势

在5G时代，传输技术的大幅提升，让数字化大变革成为大趋势。各个商家企业开始利用数字化技术，打破线上与线下的壁垒，实现线上与线下双店融合的全渠道销售，现有的人、货、场的关系被打破重构。在这样的过程中，短视频将是实现双店融合的绝佳途径，人们通过短视频便能在实体店或者网店下单购买，十分便捷。

5G让智能商业呈现“大数据+IT”的智能化的趋势，其中短视频功不可没。商家运用5G技术支持下的大数据技术，收集并分析消费者数据，寻找到消费者的痛点，并向特定的消费者推送短视频，推荐最合心意的产品，以实现卖货。

5G为私域流量的经营大开方便之门，可帮助新零售领域实现私域流量的变现。而短视频将会成为私域流量变现的一个入口，也可以作为汇聚私域流量的一个窗口，将流量导入到品牌与产品上，为流量变现打下基础。

5G技术的支持让私域流量的精细化运营得以实现，场景零售可以进行更加精准地营销。短视频可以构建零售场景，吸引更多私域流量，为实现产品销售打下基础。

5G为社交零售赋能，让越来越多的人可以通过短视频进行互动交际，增加零售的粘合力。这改变了直销、微商、电商等营销方式，让“短视频”成为未来可预见的重要营销趋势之一。

零售领域面临5G风口的落脚点在短视频上，通过短视频推动实体店与线上店的有机融合（OAO），以大数据与小数据为支点，吸引更多私域流量的同时，扩展公域流量，实现变现。

由此可见，短视频就是5G红利风口之一，将会在新零售领域掀起一番变革浪潮。

“好风凭借力，送我上青云”，在5G时代紧抓短视频这一风口红利，是推动企业发展、打造火爆品牌与产品的重要途径。

1.1.3 5G 赋能：速度快、高容量与低延迟

5G具备传输速度快、高容量与低延迟的特征，这样的特征对声音

与画面的传输予以优化，为短视频增色不少（见图1-2）。

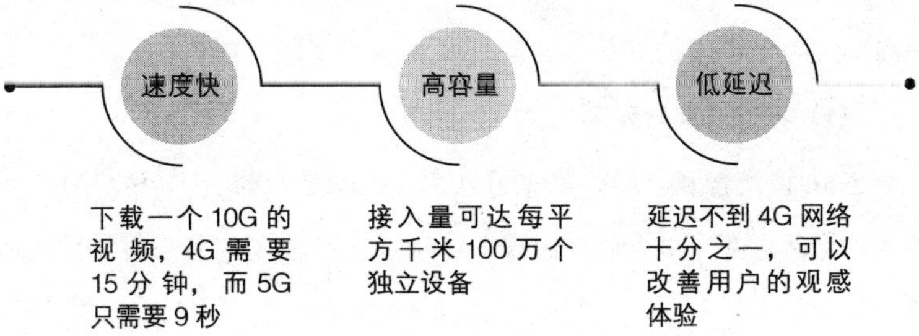

图 1-2　5G 网络的特点

在4G的大环境中，虽然传输速度也能让我们随时在线收听音乐、观看视频或直播，但是我们在短视频平台观看短视频时，往往会发现有些视频的画面不清晰，音质有时也不尽如人意。这是为何？

这是因为在短视频上传的过程中，画面与音质会被压缩，所以质量会受损。而5G的传输速度更快，可以快速传输高清的音质与画面，无须经过压缩便能实现实时性的分享与传播。

除此之外，5G网络可以降低延迟，可以解决高清短视频音画不同步、多声源不同步的问题，在大幅提升短视频的展现效果的同时，也为短视频带来新的玩法。

试想一下，当我们搬了新家，需要购买一大堆家居用品时，我们是选择放弃美好的周末时光，累死累活地跑遍各大商场去挑选自己心仪的商品，还是在晚上睡觉前浏览一下网上商城，选择一键下单，然后等着这些商品送货上门呢？

有些人会选择网上购物，有些人却依旧会坚持到实体店进行“实地考察”，原因是通过网络，这部分人还不能完全放心网上呈列的商品是否符合自己的期待。

但随着5G时代的到来，绝大多数人可以打消这方面的顾虑，实现更高层次的网络消费。

（1）打通虚拟与现实

在5G技术普及之后，首先可以实现的就是“VR”[①]和“AR”[②]技术，虽然这两个概念已经出现很多年了，但是5G的到来可以真正地将它们激活。

“VR”和“AR”技术的使用，会使产品更具有立体感、真实感、强沉浸感和趣味感，消费者对商品更容易感知和理解，最终做出消费行为也就是水到渠成的事情了。

就拿服装行业来说，5G技术的普及可以帮助消费者实现“线上试穿”，我们只要站在屏幕前，滑动虚拟的“衣服”，就能够看到我们穿上这件“衣服”后的效果。

彼时，消费者将不受区域、时段、店面的限制，商品将不受内容形式、种类和数量的限制，消费者体验和商品交付形式不受物理形态制约，真正做到无孔不入、无所不能。

同时，当网络的速度加快，短视频的时间也会增加，展现的内容会更加丰富，更能抓住受众的眼球。

---

① “VR”技术：虚拟现实（Virtual Reality）也称为虚拟技术、虚拟环境，是利用计算机模拟产生一个三维空间的虚拟世界，提供用户关于视觉等感官的模拟，让用户感觉仿佛身历其境，可以即时、没有限制地观察三维空间内的事物。

② “AR”技术：增强现实（Augmented Reality，简称AR）是一种实时地计算摄影机影像的位置及角度并加上相应图像的技术，它将计算机生成的虚拟物体或关于真实物体的非几何信息叠加到真实世界的场景之上，实现了对真实世界的增强。

（2）大数据精准营销

随着5G时代的到来，网络具有了“低时延”等特征，万物都可以互联起来，我们收集到的数据将会更加全面、立体。

这种互联表现在两个方面。一方面是物与物的互联，例如冰箱能够自动感知食物的储存量，然后自动在网上下单采购；洗衣机能够自动感知我们的衣物数据，自动清洗衣物，等等。另一方面是人与人的多感互动，过去我们判断一个人对哪方面的商品感兴趣，是通过人们的点击记录或输入行为判断的，当技术成熟之后，我们通过某人的视觉、触觉都能判断其消费偏好，比如某人的眼球在某个页面停留的时间很长，那么他很有可能对这部分内容非常感兴趣。

当大数据前所未有地将人、商品、服务，乃至一切可以运转的设备都进行了数据化的连接之后，我们会发现用户画像变得更加丰满真实，能够帮助我们真正做到“精准营销”。

（3）消费产品不断被创新

智能终端、可穿戴设备、智能家居等领域，发展出了更多令人惊喜的产品，而我们能够感知这些商品最快捷的方式，就是通过网络，通过短视频等。

一旦这些产品引起了消费者的关注，那么他们很容易做出消费行为。

集合以上三个即将在未来实现的消费场景，我们可以发现，人们已经从“不出门可观天下事”，发展为“不出门可感天下事”。而这一切变化的发生，都是因为5G“高音质、低时延”的独特优势。

1.1.4 碎片化时代短视频的“病毒式”传播

当今世界，人们已然离不开手机，离不开移动网络，人们时刻在利用手机开展社交、网购、观影、阅读等活动。而当5G进入我们的生活，网络速度更快之后，人们会不再因为网络卡顿、流量费用高而放弃观看视频，而这种客观环境的变化，正在给众多短视频平台带来大量流量及用户。

碎片化时代，人们对于外界信息的接收，也发生了很多变化，主要呈现出以下三种趋势（见图1-3）。

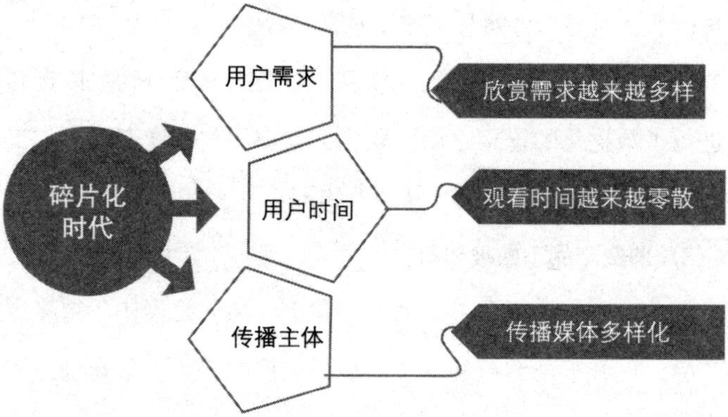

图 1-3 碎片化时代人们接收信息的特点

依托不同载体、不同时间乃至不同地域的无意识活动已经成为当今互联网体验的主流现象。也正是如此，才造就了今天短视频发展如此火爆的现象。短视频的时长从十几秒到十几分钟不等，占用用户的时间极少，且用户可以随时随地转发和观看，在时间和空间上具有绝对优势。

与此同时，用户的消费行为也随之发生。短视频营销之所以能够获得成功，和短视频营销的几大特点密切相关。

（1）“病毒式”的传播速度

从抖音、快手等短视频平台的火爆程度不难看出，短视频营销有一个非常大的特点，就是传播速度非常快，犹如“病毒式”传播。只要短视频的内容足够优质，能够引起其他用户的共鸣，就极有可能引起大量转发，形成大面积传播。

（2）数据效果可视化

与传统营销相比，短视频营销的效果会更明显。也就是说，我们可以非常直观地看到我们创作的视频有多少评论、播放和转发等数据，这样我们就可以有效地针对实时数据和行业动向，对内容进行及时地调整和优化，从而达到最理想的短视频营销效果。

（3）可持续性发展

我们在观看短视频时，会发现这样一种现象，就是很多短视频是很早之前就发布了的作品，但是我们可以随时观看。这就是短视频的另一大特点，具有可持续性。只要视频可以持续受到用户喜爱，系统就会不断地输出该视频。

（4）高互动性

短视频虽然是单向传达的，但同样具有高互动性，因为其他用户看到这个视频之后，可以进行评论；创作发布者也可以对其他人的评论进行回复，可以随时发现视频中存在的问题，根据受众的喜好来调整视频内容。

正是因为时代的趋势和短视频营销的特点，5G时代到来后，短视频将迎来另一个春天，把握住这个浪潮，正当其时。

1.2 从“抖商”到“播商”，短视频开创内容电商2.0时代

作为短视频平台的佼佼者，抖音另辟蹊径，在扩大用户、吸取流量和完善短视频内容的同时，还发展出一系列“卖货”活动，众多抖音“网红”纷纷加入其中，成为“抖商”和“播商”。

1.2.1 “抖商”1.0时代

2019年，“抖音”是一个出现在人们生活中的高频词。而抖音衍生出来的带货和卖货现象，可称为“抖商”1.0时代。

作为2019年春晚的独家短视频传播平台，抖音与央视春晚一同开展了“幸福又一年”的活动。抖音和央视春晚强强联手，让更多人观看春晚，也让更多的人了解抖音、使用抖音。

传播能力强、用户基数大的抖音，是时下最流行和高效的视频+直播的售卖平台。而抖音的视频窗口就是内容电商卖货的“小店”，这便是抖音衍生出的新商机。

为大力推动“抖商”的发展，抖音还和今日头条放心购平台合作。抖音网红和带货达人纷纷将放心购店铺的商品添加到橱窗中

展示，以便带货。这类在抖音上带货、卖货的人群便是我们所说的“抖商”。

据观察，“抖商”的商品橱窗中有来自完全不同店铺的产品，品类十分丰富。而且，抖音用户可以通过橱窗直接进入放心购店铺的页面，不需要如淘宝一样跳转页面，使得购物过程更流畅，购物体验更满意。

“抖商”发展之迅猛有个很重要的原因：引导性消费＋界面合理规划。当刷到“抖商”的短视频时，抖音会弹出相关产品推荐给用户。用户可以直接进入橱窗挑选商品。除此之外，用户还可以直接根据抖音的好物榜来选购产品。而好物榜的商品来自淘宝，并且抖音的橱窗会按照视频热度对商品次序进行排序。

“抖商”的不断壮大也离不开品牌主的青睐。自从抖音首个商业化搜索品专区上线，许多大牌纷纷入驻，例如兰蔻、阿玛尼等。用户在搜索栏输入品牌名，如“兰蔻”，跳转到该品牌的广告专区，即可进行购物。

优质的短视频内容输出把年轻人从日常烦闷的工作中“解放”出来，大家无不积极参与，就连普通人也开始卖货，成为“抖商”队伍中的一员，让抖音开始了商业化的转型。

时下最流行的短视频分享平台非抖音莫属，抖音用户量庞大，日活跃量已经突破了5亿。在早期的抖音平台上，90%的用户是35岁以下的年轻人，另有数据显示，抖音的活跃用户中，70%以上的高度活跃用户来自一、二线城市。

很多主打潮流时尚的品牌看中这一契机，抓住机会，发起潮牌服饰的攻势，开始做抖音运营。与此同时，抖音用户不断扩充，开始遍布全年龄段，并且活跃用户也逐渐从四、五线小城市出现。可以说，抖音拥有广阔的受众群体。

“抖商”出道前，实体店都将网店看作最大的竞争对手。实际上，网店没抢生意，抱怨的人也都是不会做生意的人。不论是网店还是“抖商”的出现，商家都应该明白：产品重要，时代的机遇也很重要。

其实很多实体店和抖音的结合，也就是线下和线上的结合，使得这些内容电商都获得了红利。所以大家赶快抓住“抖商”的机遇，赚一波银子。俗话说：南有浙商，国有“抖商”，是短视频造就了内容电商卖货的1.0时代——“抖商”时代。

1.2.2 “播商”2.0 时代

2020年4月1日愚人节当天晚上8点，罗永浩在抖音正式开始他的首次带货直播，威力惊人，支付交易总额超1.1亿元，累计观看人数超4800万，创下抖音直播带货新纪录；李佳琦的3月份直播销售额近10亿元；而薇娅5小时内帮一家零粉丝新店砍下7000万元销售额，光提成就能在杭州买套房。

短视频和直播用户迫近9亿，光大证券数据显示：2019年直播电商总规模预计4400亿元。2020年规模将翻一番，有望冲击万亿市场。

加拿大政治学家哈罗德·伊尼斯曾说：“一种新媒介的诞生，将创造出一种新的文明。”如今，直播便是新文明出现的契机，“无直播，不传播”已然成为当今时代的标签之一。

直播可以将用户、社群、品牌、营销、变现等融为一体，这是许多媒介都无法达成的。随着“短视频+直播”热潮的到来，“播商”一词也开始成为变现的代名词，让内容电商开始步入2.0时代。

“播商”们在抖音上可以开启自己的直播间，可能会有数十万，甚至是数百万的用户观看直播，在直播氛围的激荡下，将众多的用户转变为消费者不是难事。品牌运营商可以和那些流量较大的直播创作者进行合作，或者直接在抖音上直播新品的发布会，来实现产品与品牌的推广。由此可见，直播可以加深用户与品牌商、品牌商与网红直播者之间的联系。

直播继承了传统媒体强大的传播功能，在短短几天之内便能将产品打造成一款爆品。抖音平台本身具有用户基数大、内容多样化、流量多的优势。如果在某个时间段，抖音平台上的大部分“播商”同时直播同一件产品，便会让大量用户记忆深刻，甚至纷纷转变成为消费者。这体现了抖音直播强大的营销能力。

除此之外，抖音直播还能简化推广、变现流程。

接下来我们以小米为例，来谈一谈抖音直播的另一优势。

小米新品发布之时，一般会先选择线下发布会，随后在微博、知乎等平台上创造热门话题，吸引众多消费者在天猫、小米商城、京东平台上下单购买。最终还会在百度贴吧、微博、论坛等平台中打造相应的社群。

在“短视频+直播”的支持下，小米可以在抖音上直播新品发布，并附上购买链接，让消费者直接购买。随后，还可以放上相关的社群信息，让消费者自己去搜索并加入社群，从而提升社群管理的管理效率。这不仅可以降低营销成本，还能降低理解成本，让消费者更加直观地去了解产品，在消费者端打造良好的品牌口碑。

由此看来，“播商”的前景十分光明，变现潜力十分巨大。从单纯的短视频1.0时代，发展到“短视频+直播”的2.0时代，是短视频领域发展的必然趋势，也是内容电商卖货的另一个高效途径。

1.2.3 “黑马计划”助力“播商”

实际上，抖音早已在2017年便已经开通了直播功能，只不过当时还稍欠火候，而如今，直播的大势已到，抖音势必要在直播市场上追赶快手，一决高下。

为了提升直播的竞争力，抖音在2019年9月，于武汉开办了一场有关直播创业的会议，邀请众多抖音直播创作人员、直播公会负责人员，让他们分享自己直播的经验与运营的方法。这就是抖音推出的“黑马计划”。

“黑马计划”可以帮助新人从直播“小白”成长为直播精英，帮助公会从成立到成熟，是一项长期的成长计划（见图1-4）。在

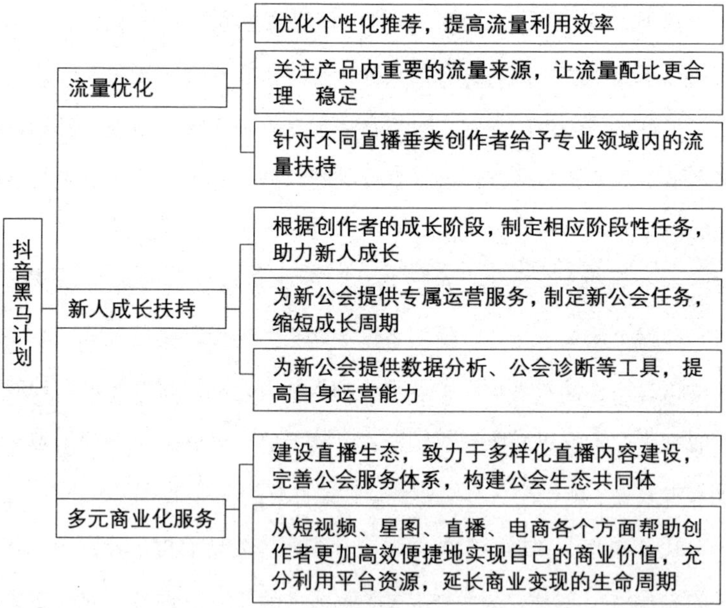

图 1-4 抖音黑马计划

这项成长计划之中，包括了流量成长扶持计划、变现模式的打造与构建等，鼓励更多的直播创作者在抖音直播上创作出有价值的内容。这样的直播计划，不仅可以吸引更多的用户，还能帮助直播创作者迅速实现变现目标。

从上述内容看，“黑马计划”对“播商”百利而无一害，可以帮助抖音新人主播迅速成长、提升流量变现效率、延长变现的生命周期。

“黑马计划”的全面扶持策略从侧面彰显出“播商”已经成为抖音变现的另一条“康庄大道”。电商短视频变现从“抖商”的1.0时代转向“播商”的2.0时代，已是大势所趋。

马云曾说：“任何一次财富的缔造必将经历一个过程：先知先觉经营者；后知后觉跟随者；不知不觉消费者！”你在面对“短视频+直播”这一机遇之时，定要做先知先觉者，将风口红利紧紧抓在手中，抢占先机，在直播领域打出一片天。

1.3 短视频的四大商业价值

关于短视频，有人曾这样说过："2008年你错过了淘宝红利，2010年你错过了微博红利，2013年又错过了公众号红利，难道现在你还要继续错过抖音短视频的风口红利吗？"由此可见，抖音短视频已然成为业界公认的风口。

那么，为何短视频会如此火爆？

我认为，要回答这一问题，还是要从短视频的四大商业价值说起。

1.3.1 汇聚流量

短视频的第一大商业价值是汇聚流量。

在短视频快马狂奔的两年中，"流量"一直是主题词，各路网红、主播、微商等都争相进入短视频领域，开始大量吸粉，汇聚流量，为产品的变现打造基础。谈及短视频的流量汇聚价值，就不能不以短视频领域中的两座"大山"抖音、快手作为切入点。

除了在前面提到的，抖音和快手的日活跃用户数量居高不下之外，这两者在手机应用商店的下载量也位居前列，且长期处于下载量

“前三甲”的位置。

企业选择短视频进行变现，主要在于短视频平台的流量之大，产品的宣传与推广更加方便快捷。除此之外，各个短视频平台还指定了相关的流量算法，为产品的宣传与推广助一臂之力。

例如，企业在抖音上发布一条产品推荐短视频，经过审查合格后，抖音平台就会根据账号的权重给予一定的初始流量推荐，优先推送给附近的人或者关注企业的人，然后再根据短视频的内容标签与用户标签进行智能推送。当短视频拥有初始流量之后，抖音平台会对短视频的受欢迎程度进行分析，根据分析结果进行叠加推荐。

在抖音上，企业可以根据抖音的流量算法，来为自己的产品、品牌聚集大量流量，为变现打下坚实的基础。不仅是抖音平台，其他各个短视频平台都有自己独特的流量算法，为短视频内容的推广创造有利条件。

总而言之，短视频汇聚流量的价值主要体现在汇聚平台流量与品牌、产品流量两个层面上。

1.3.2　人群画像

用户在哪里，商业价值就在哪里。短视频得以成为风口的最大价值就在于人群画像的构建。

网上有这样的调侃话语，“贫穷限制了我的想象，富人的贫穷是只有一辆宝马车”，从中可以看出不同生活层级的人们的认知、见闻都无法相通。这使文化、信息的传播具备了阶层性与圈层性。不同圈层、阶层的人都在自己的天地中，各自过活，互不相扰。

而短视频的出现，则打破了这一状态，让不同的人群通过同一个或者多个平台互相进行了解。短视频的传播方式是一种去阶层性的传播形式，每个人都可以创作，每个人都可以传播，这样的内容平权让短视频的人群定位范围十分宽广。

由此，企业在短视频平台上发布短视频进行产品销售，就可以获得更多的符合其人群画像的个体消费者，为产品销量的提升创造条件。

除此之外，每个短视频平台都有自己的人群画像，可以让企业与商家进行精准营销。例如，抖音的人群画像就是来自一二线城市、经济水平与消费水平较高的年轻女性；快手的人群画像是来自于三线城市以下，甚至是乡镇的年轻人；美拍的人群画像与抖音相似，主要人群都是有较高消费能力的女性……

各个短视频的差异化特性为企业的变现提供了众多平台，各个企业可以根据产品的特点，选择最符合自己的产品属性的平台，投放相关的卖货、营销短视频。这种方式便是将产品的用户画像与平台的用户画像重合，进行精准定位，实现卖货变现目标。企业甚至还可以多平台投放短视频，通过“广撒网”，实现“多捞鱼”的目标。

1.3.3 精准引流

短视频的第三大商业价值表现在精准引流。具体来说，短视频精准引流价值主要体现在通过多平台、多账号操作，将所有的流量定向引导到某一具体的品牌、产品上，打造热门品牌IP，或者打造爆款产品。

【案例分享】

国产美妆品牌“橘朵”在营销上，便是采用了多向引流的方式。在抖音、美拍等短视频平台上邀请众多网红亲自做产品评测，或者用相关的妆容教程来展现产品的上妆效果，从而让消费者对产品有一个全方位、多角度的认知。

这样不仅可以吸引大量有相关需求的消费者的注意，还能为那些目前没有需求的消费者“种草”，让消费者将产品的卖点变为自己的卖点，产生购买欲望。这便是多平台、多账号引流的营销方式。

再例如，抖音平台推出的挑战模块，可以让企业家发起挑战，让广大消费者通过参加挑战，参与到产品的宣传与推广过程中，实现为产品引流的目标。

短视频不仅可以引流，还可以进行精准引流。在抖音平台，消费者看见的信息都是自己感兴趣的信息。当抖音后台检测到某个消费者有相关的需求时，就会向他们推荐相关产品的短视频，从而实现“向正确的人推荐正确的产品”的目标。这样的精准营销，可以大幅提升消费者的购买率，提升产品的变现率。

有许多短视频平台都与淘宝、京东等购物品牌合作，企业、商家可以直接通过短视频将流量引导到自己的店铺中，从而实现变现，这也是精准变现的一环。精准引流的商业价值，可以为企业、商家降低宣传成本，精简推广流程，推动产品的变现进度。

1.3.4 高效变现

除了以上三大商业价值外，短视频的商业价值还表现在它的变现能力上。关于这一点，我们不妨通过一个案例来了解一下。

【案例分享】

“李家有女，人称子柒”，想必知晓李子柒的人对这句话并不陌生。从 2015 年开始，李子柒开始拍摄古风美食短视频上传至“美拍”，展示各种传统美食的手工制作流程。其短视频充满了浪漫主义的中式田园风情，赢得了大量粉丝的关注。

李子柒一周一精品，用诚心与内容积累了大量的粉丝基础，其美拍账号已经拥有了 251.2 万的粉丝，且每条短视频都有大量的点赞，粉丝们在评论区与她积极互动。而她的抖音账号的粉丝已突破 3500 万，短视频获得的点赞量破亿。随后李子柒又将流量引到她的淘宝店铺中，实现了变现。

李子柒的抖音短视频为她带来了大量流量，而这些流量最终都在淘宝店得到变现。单凭一人创作，就实现每件产品达到上万的销售额。由此可见短视频变现能力之强悍。

不仅是李子柒得益于短视频，还有许多产品也通过短视频而火。例如，小猪佩奇手表、太阳花、兔耳朵、拍照神器等产品，周销量都已经破万。短视频带货的产品包罗万象，从家电到图书，从宠物零食到恶搞玩具，等等。

在2019年，有“国货之光”称谓的完美日记，经过李佳琦等各个网红的短视频的推荐，成功爆红，引起了一场有关短视频营销的狂潮。花西子雕花口红的营销之路，虽然走了完美日记的老路子，但依旧成为新一代的爆款产品，引得众多消费者争相购买。

由此可见，短视频的变现能力不仅体现在产品的大卖之上，还体现在爆款IP、品牌的打造上，通过集结大量短视频网红，造势营销，只需要短短10天，便能打造出一个家喻户晓的爆款品牌，这是以前品牌营销者想都不敢想的事情。

“流量聚集+人群画像+精准引流+高效变现”便是短视频的四大商业价值，是吸引各个企业进入短视频领域的魔力。5G时代为短视频的创作与传播创造了更加便捷快速的环境。企业应该提前布局，将短视频的商业价值充分发挥，才有可能分得一块“可口”的蛋糕。

1.4 “短视频+”，新玩法 Get！

短视频自身就颇具魅力，在发展过程中，人们将短视频与其他工具相结合，碰撞出许多不一样的火花。其中，“短视频+直播”最为人们熟知，也是我们运营短视频时需要掌握的重点。除此之外，还有一些新鲜玩法。这些新鲜玩法，在接受短视频带来的流量时，也反哺了短视频，让短视频更具活力，生命周期更加长久。

1.4.1 短视频+电商，双向共赢的商业模式

在抖音、快手这类短视频平台的背后，是无数暗涌着的流量，而在这个流量为王的时代里，因互联网兴起的电商行业自然要参与其中。

如今淘宝、天猫等电商平台都结合短视频推出了新的营销模式，通过在商品的展示界面插入商品的短视频，让用户能够更加直观地认识商品。与过去电商平台上只采用静态图片的方式相比，短视频在商品使用情况、动态细节、售后反馈等方面的展示更具优势。

【案例分享】

武汉的熊先生在淘宝上经营着一家服装店，在未能运用短视频展示商品之前，熊先生经常会收到许多关于衣服的咨询。在有了短视频之后，客户通过短视频即可以看到模特和其他用户的实际上身效果，这类咨询也就随之减少。可以说短视频运用不仅更好地展示了商品，而且还为商家节省了不少时间。

未来，短视频和电商的组合或许还有更多的可能。早在2018年传出淘宝尝试独立孵化短视频App“独客”的消息，目前虽然还没有看到结果，但这也透露出短视频与电商合作发展的风向。

比淘宝更早进入电商+短视频模式的美拍，在2017年推出了“边看边买”功能，使得用户在看视频的过程中就可通过点击视频中的链接来购买商品。这样，用户在不影响观看视频的同时就完成了商品的交易。

而现在无论是抖音还是快手，这些短视频平台在商品销售方面都取得了不错的成绩，让市场清晰地看到了电商与短视频结合带来的经济效益。

从市场的角度看，短视频拥有丰富的流量资源和潜在的客户群体，但是存在流量变现的问题，而电商平台经过长期的发展后拥有充足的资金，却面临着寻找新的经济增长点的压力，可以说“短视频+电商”的合作帮助它们实现了真正的共赢。

1.4.2　短视频 + 自媒体，一脉相承的流量工具

短视频和自媒体都是近两年非常火爆的名词，就它们的本质而

言，二者相辅相成同出一脉，是互联网发展过程中因背景不同而出现的不同“流量工具”。

早前最火的自媒体平台当属微博，前几年比较热门的自媒体平台则是微信公众号，其后又出现了今日头条、百家号、一点资讯等平台。

从严格意义上来说，短视频平台，同样属于自媒体平台的一种，在此我们所说的“短视频+自媒体”模式，是指短视频和其他自媒体相结合的方式。

在短视频还未诞生以前，人们在微博上发布信息，只能采用“图片+文字”的形式。但如今我们打开微博，大量的信息都是通过短视频呈现的。

【案例分享】

微博知名美食视频博主“日食记”，几乎他的每一条微博，都是采用了“文字＋短视频”的发布形式。这种形式的好处是通过简短的文字介绍，我们便能够明白短视频的主要内容。当我们点开短视频后，几乎瞬间就会被其画面精良、内容充实、风格恬静吸引。也正是靠着这些短视频，“日食记”目前在微博上拥有的粉丝超过1900万。

在短视频与自媒体相结合的过程中，短视频有时起辅导作用，帮助运营者在其他自媒体上做出更直观的内容输出，吸引该平台用户的注意力；有时短视频也是主导力量，人们在其他自媒体平台上看到运营者的信息，会自然而然地因为喜欢而关注运营者的其他短视频作品。

总而言之，短视频与自媒体相结合，能够互相促进，将我们的创意更大程度地展现出来。

1.4.3　短视频 +H5，让信息“动”起来

当微信成为全民必用的社交软件后，越来越多的企业、个人，开始在微信上宣传自己的品牌。于是“H5”应运而生，开始在微信上被广泛应用。

“H5”的全称是HTML5，指一切用H5语言制作而成的数字产品。“H5”拥有和“PPT”一样的特性，都可以制作出极具感染力的动态演示文稿，同时集成更为安全的工作流和方法以轻松共享这些信息。

而短视频能够更加流畅、清晰、真实地表达出作者的观点。两者的结合能够更好地吸引受众的目光，激发其好奇心，使其更加深入地了解作者所表达的内容，使其不论是对展示的商品还是企业或是其他的内容都有一个全面的了解。

将自己和产品的形象完美地展现出来，是企业和内容制造者共同的愿望，而短视频和“H5”的结合十分有助于实现这一愿望。用动态的视频将原本静态的“H5”展示给受众，这样的效果更加活泼和生动，兼具活力和权威性，让受众对内容更加信服。

【案例分享】

在 2018 年宝马就以“短视频 +H5”两者相结合的方式为自己的宝

马 M2 打了一波广告。这个“H5”广告制作精良，在画面和音频的配合上也能够给用户流畅的体验。视听的完美结合，让宝马 M2 的优秀特质展露无遗。这则广告一经推出，便引起受众疯狂的转发和点赞。

简而言之，短视频如此受欢迎，我们也要多多运用奇思妙想，将之与其他工具相结合，发挥其最大作用。

1.5　短视频未来发展的五大趋势

短视频的发展已经锐不可当，在2020年，更是呈现出爆发趋势，而我们要做的，就是正视这一趋势，并利用这一趋势，抓住这波浪潮。

1.5.1　发展全平台化

现如今，短视频的火爆程度已经超出了我们的想象。地铁上、餐厅里甚至公共卫生间里，随处都有捧着手机“刷视频”“看直播”的人。

然而当你以为短视频只是在内容娱乐领域开花时，短视频变现已经迅速发酵，以悄无声息却又无比强势的姿态“入侵”消费领域。

在当前的发展态势下，各大平台都意识到短视频领域中蕴含的巨大商机，开始调整平台内短视频内容的占比。

专门的短视频平台如抖音、快手等，在不断拓宽用户渠道，吸纳更多流量；其他并非专门性的短视频平台如腾讯、阿里、今日头条等，也在不断发展短视频业务；甚至社交软件微信也开始出现“视频号”界面，人人都可以在视频号上发布自己的短视频。

从抖音的发展状况就可以看出短视频行业迅猛的发展态势。根据移动观象台的数据显示，抖音在短视频市场中的宏观排行榜中，一路通关斩将，一跃成为短视频领域中的“龙头”之一，形成“南抖音、北快手”的对抗竞争局面。虽然激烈的竞争环境放缓了抖音的用户增长势头，但抖音依旧在持续增长。

在这个风口下，各大平台在短视频领域的布局也发生了天翻地覆的变化。目前除了抖音、快手、美拍、秒拍等人气较高的短视频平台，腾讯、阿里、今日头条、微博等也已经把短视频设定为平台发展的核心战略之一。

常逛淘宝的消费者想必已经发现，淘宝首页为短视频布置好了各种入口，短视频已覆盖了手机淘宝首页60%的页面，短视频成为淘宝内容化的重要布局；腾讯也在微信公众号开放了短视频直播入口。

总之，短视频的发展锐不可当，已经成为人们消费生活中的重要一环。

1.5.2　市场下沉化

很多短视频平台已经渗入人们的生活当中，成为人们生活的一部分，是企业与个人实现引流变现目标的首选阵地。这一现象会给短视频平台带来更多的用户，为现有的流量池注入更多的新鲜血液，形成一个良性循环。

抖音中国业务总负责人张楠说：“2017年3月时抖音的用户还是非常年轻的，以18岁到24岁为主；到2018年6月就拓展到了年龄层相对较大的用户”（见图1-5）。

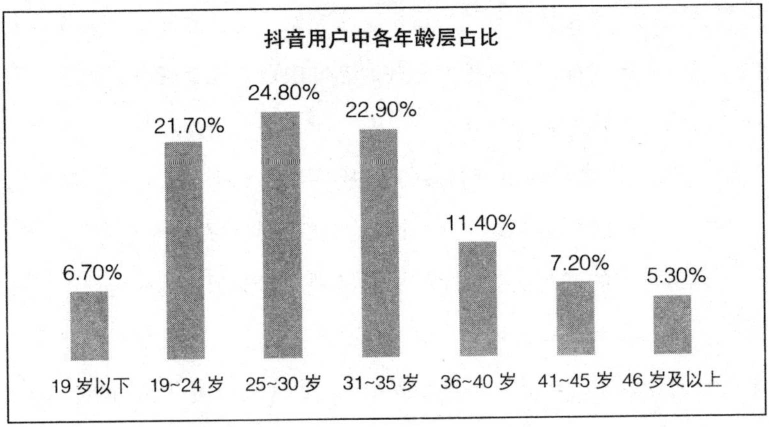

数据来源：QuestMobile

图 1-5　2019 年抖音用户中各年龄层占比

通过图1-5很明显地可以看出，2019年抖音用户已经遍布各个年龄层，我们经常可以看到许多老爷爷、老奶奶在抱着手机刷抖音视频。

除此之外，短视频的用户范围也从大城市开始逐渐下沉（见图1-6）。

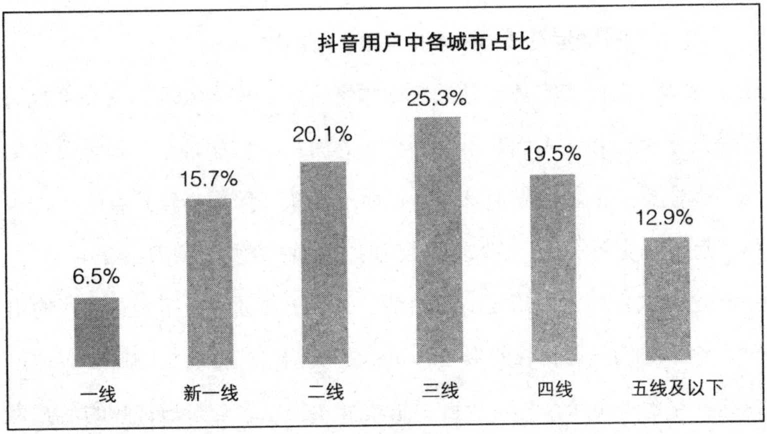

数据来源：QuestMobile

图 1-6　2019 年抖音用户中各城市占比

以抖音为例，当初凭借着“小哥哥、小姐姐”，抖音在一、二线城市的年轻人中迅速推广；紧接着卫视冠名的出现，让抖音下沉到三、四线城市的全年龄层中。

现在，正如字节跳动创始人张一鸣所期待的那样，抖音正从“比较潮、比较垂直的方向变成了一个生态丰富、包罗万象的平台”。

以接地气的“老铁”文化吸引众多用户的快手，本身用户市场就比较下沉。在其活跃群体中，80%的用户来自三、四线以下城市且是学历在高中以下。随着快手使用人数的不断增加，其下沉市场，也会更加广阔。

1.5.3 参与全民化

纵观各大短视频平台，我们会发现，无论是普通“素人”，还是政商名流，都开始参与进来，成为短视频运营者或观看者。这也就意味着短视频未来的发展会更加全民化。

（1）短视频运营让“素人”有更多可能性

纵观各类发展态势迅猛的短视频平台，我们会发现，这些平台的标语几乎都在表达人们对于美好生活的向往，例如抖音“记录美好生活”，快手“记录世界记录你”，西瓜视频“给你新鲜好看的”，美拍“每天都有新收获”，微视“随便拍拍都有趣”，等等。

这些以普通人为角度出发的平台，给了普通人更多表达悲喜的出口，给了他们呈现自我的舞台，也给了他们与社会联结的广袤天地。在这些平台，每个个体都可以尽情地展示自己，通过短视频的形式表达自己对于生活的见解和感悟。

除了表达和展示自我之外，短视频用户对于他人的生活也充满了好奇心和探索欲。正是因为如此，千千万万个素人“网红”涌现出来，有了“被看见”“被喜欢”的机会。

【案例分享】

抖音达人“小兰”，她的丈夫在深圳打工，她就在出租屋里照顾两个孩子，操持家务、做饭。她的视频内容也平平无奇，就是她生活中的粗茶淡饭和柴米油盐，但就是这种贴近普通人生活的视频，却引起了很多人的共鸣。小兰现在在抖音上已经拥有了 434 万粉丝。

为什么这些短视频运营者能够获得如此高的关注度？原因便是这些短视频平台运营的开放性，让每一个普通人都具有了成长为网红的“基因”。在抖音上，你只需要创作出对用户有价值的短视频，便能获得大家的关注。这也就意味着，短视频运营可以为“素人”提供更多的发展机会，带来更多的可能性。

(2) 短视频运营已经成为名人的一大宣传武器

除了吸引普通人之外，各类短视频平台也开始吸引更多名流政商的注意力。这些已经拥有不小知名度的企业、个人、机构开始纷纷“下场”，选择利用短视频平台来进行宣传。

①知名企业

短视频平台用户的多样化让众多知名企业纷纷进入，如小米、滴滴、百度、华为、阿里巴巴等。据相关数据显示，中国500强企业有21.6%都已经在抖音上创建了企业号，与粉丝进行互动，提升粉丝的忠诚度与黏性。

②明星名人

明星是提升短视频平台用户多样性，吸引更多用户的一大“杀手锏”，例如黄渤、杨幂、沈腾等众多明星都已经入驻抖音平台，为抖音带来流量的同时，也提升了自身的流量。

在抖音还未火爆时，胡彦斌在抖音上发布新歌《没有选择》，并以该音乐作为主题，在抖音上发起了视频挑战活动。这次活动让更多人知道胡彦斌，也让更多人加深了对抖音的了解。由此可见，明星进驻抖音双方得利。

③官方政务账号

短视频平台上不仅有商业、娱乐信息，还有政务信息。在2018年，随着抖音红遍大江南北，越来越多的组织机构开始将抖音作为政务信息公布与政策推广宣传的有力武器。目前，政务账号越来越多，如中国军事网、共青团中央等账号纷纷在抖音上出现，确保政策实现公正、公开、透明，让更多的人参与到相关的工作中来。

④权威媒体

许多有权威性的媒体也在短视频平台上创建账号，例如人民网、央视新闻、芒果TV等，受到更多受众的关注。

越来越多的名人、名企带着巨大的社会影响力入驻短视频平台，这也就意味着短视频平台拥有了源源不断的用户。

1.5.4 内容垂直化

所谓垂直化，是指某一类产品不断往精细化、深层次发展的状态。目前，短视频内容的发展，也开始呈现出垂直化发展趋势。诸多短视频平台开始对用户、短视频账号进行分类，将短视频内容与用户的喜好进行高度匹配，从而实现更为精准的粉丝群体投放。

之所以这样做，主要有以下三种原因：

(1) 受众需求的转变

短视频不仅仅是长视频的浓缩，更是碎片化时代人们新的需求习惯的体现。早期国内大部分网民并不具备较强的思辨能力，对短视频这一新兴事物呈观望和跟风态度，大部分短视频的内容都呈现出浅显、直白的泛娱乐化特质。

但随着受众需求的提高，对这种泛娱乐化的内容产生厌倦感。过于同质化的短视频内容已经不能满足受众日益增长的精神文化需要，受众需要更具内涵、更加专业、更为精细的短视频内容。

(2) 资本市场的扶持

资本市场从短视频平台上尝到了甜头，便不断地对短视频的内容生态进行扶持，这就给了那些优秀创作者机会，使得他们能够更加精细、垂直地创作出更高质量的短视频内容。

随着科技的发展，资本市场开始尝试将人工智能技术运用到短视频领域，智能化技术可以使得短视频内容更加精准地呈现在用户面前，从技术上为内容的垂直化扫清障碍。

(3) 短视频变现的突破口

人们无论选择何时、何种方式进入短视频行业，其最终目的都是通过短视频实现流量变现。

当短视频越来越火爆时，也意味着短视频行业的竞争越来越激烈。所以短视频行业兴起之初给予运营者们的红利会逐渐消退。这种情况下，短视频变现将会变得艰难。

而垂直化的内容，能够更加精准地吸引用户，让用户对短视频运营者产生“喜欢”和“信任”，从而愿意为短视频内容付费，愿意通过短视频运营者的推荐购买商品。

所以短视频内容的垂直细分，是未来短视频平台发展的必然趋势。

1.5.5 产业链完善化

短视频依靠其短小精悍、视听生动形象、病毒式传播等特点和优势，迅速成为社会化传播和数字化营销的“新宠”，进而成为互联网产业中的新业态。与此同时，短视频行业也开始转型升级，从之前的粗放型开始朝着精细化、完善化发展。

那么，究竟何为短视频产业链呢？我们可以通过一个例子来进行理解。

【案例分享】

下班路上，阿豪看到地铁站内的广告牌上在播放抖音里的一个视频，视频中的“小姐姐”长得很美，于是他拿出手机，找到这个视频，开始看起来。

在这个案例中，有三个主体，即“阿豪”“抖音”和“小姐姐”。其中“阿豪”就是用户，也就是内容消费者；“抖音”就是平台；“小姐姐”则是内容生产者。

实际上，这也是最早期的短视频运营产业链。在这个产业链中，无论是对于平台还是内容生产者，我们几乎无法看到任何变现的机会。所以前期的短视频平台大多处于亏损状态，短视频运营者即便投入了大量的时间和精力，也很难自主实现流量变现。

后来在营销平台加入后，整个短视频行业的产业链开始维持正常运转。在短视频运营中，内容生产方、营销平台、品牌方和短视频平台通力合作，最终将内容传递给了用户（见图1-7）。

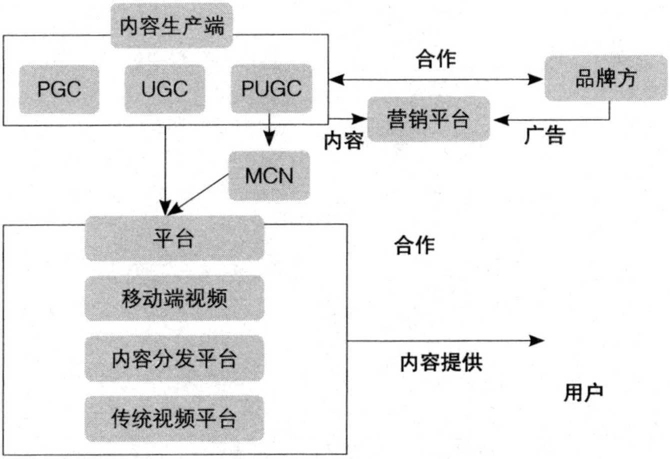

图 1-7　短视频行业产业链

同时，随着用户需求的多样化，短视频行业对于平台和内容生产者的要求越来越高，这也就变相地促进了短视频运营者创作内容的水准，也使得短视频平台的服务更加完善化、人性化。

简而言之，短视频产业链的逐渐完善，促使整个短视频行业加速蓬勃发展。

第 2 章

养号指南：

六大步骤养出一个百万大号

为什么短视频运营之路困难重重？关键在于运营者没有掌握好短视频养号的技巧与规律。尤其是对于运营新手而言，稍不留神，短视频账号就会被降权。因此，掌握养号的细节和方法，是打造百万粉丝大号的重要前提。

养号指南：六大步骤养出一个百万大号

- ①注册、“装修”短视频账号
  - 注册短视频账号
    - 一机一卡一号
    - 对账号进行“人性化”操作
    - 注意养号的周期
  - 打造个人资料
    - 取个好名字
    - 编个好简介
    - 选择合适的头像
- ②清晰定位，贴好自己的标签
  - 明确定位
    - 个人账号：客观审视自己
    - 企业账号：放大品牌文化
  - “贴标签”
    - 与视频内容相符
    - 字数适中
    - 核心准确
    - 用词发散
    - 紧跟热点
- ③锁定目标人群，建立用户图像
  - 何为用户画像
  - 建立用户画像的意义
    - 使短视频的目标群体更加聚焦
    - 避免短视频运营者草率地代表受众
    - 提高短视频运营者制作视频的效率
  - 建立用户画像三步曲
    - 信息收集与处理
    - 给用户“贴标签”
    - 绘制用户画像
- ④利用热点话题，轻松上“热门”
  - 热点话题的两种类型
    - 常规性热点话题
    - 突发性热点话题
  - 从哪里找热点话题
    - 热搜榜
    - 主流风尚标
    - 大数据
    - 热门文章
- ⑤提升权重，和“僵尸号”说再见
  - 权重的影响范围
    - 影响短视频的播放量
    - 影响短视频账号的搜索排名
  - 权重的测算方式
    - 播放量小于 100：僵尸号
    - 播放量 100-200：低权重号
    - 播放量 3000-5000：待推荐号
    - 播放量大于 1w：高权重号
  - 提高权重的方法
    - 选择合适的上传时间
    - 借助热门话题
    - 使用热门音乐
    - 多与粉丝互动
    - 多 @ 官方助手
    - 使用最新的道具
    - 避免违规行为
- ⑥营销号被关“小黑屋”、封号怎么办
  - 封号“雷区”
  - 解封指南

2.1 养号第一步：注册、“装修”短视频账号

俗话说得好：“谋定而后动，知止而有得。”当我们决定做短视频运营时，一定要做好充分的准备，因为任何一个环节出现误差，都有可能使我们的短视频账号变成“僵尸号”。要想打造出一个拥有百万粉丝的大号，从注册账号开始就不能掉以轻心。

2.1.1 注册短视频账号

万事开头难，开启短视频运营的第一步，自然是注册一个属于自己的短视频账号。众多短视频平台注册账号的流程大同小异，具体操作流程（见图2-1）。

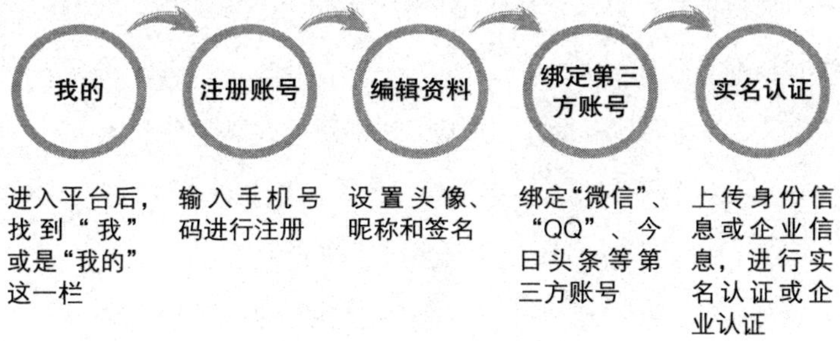

图 2-1　短视频账号注册流程

注册账号的过程很简单，顺着系统提示逐步操作即可，但在注册账号的过程中，一定要注意以下事项：

（1）一机一卡一号

一部手机、一张手机卡只能注册一个短视频账号。如果一个手机注册多个账号是会被平台识别出来的，这样会影响账号的权重。同时，千万不要在一个手机来回地切换多个短视频账号，这样平台会将此账号识别为营销号。所以“一卡一机一号”是最安全的方式，而且刚注册的账号不会被平台降权。

（2）对账号进行人性化操作

养号，就是对账号进行人性化的操作，每天都需要观看视频和直播，让系统认为我们的短视频账号是真实的用户，不是营销账号。

此外，在这个过程中，还要保证自己观看作品的完播率，尽量将作品看完，再看下一个作品。

当刷到喜欢的作品时，可以进行点赞、评论、关注，但是切忌在短时间内频繁地点赞或关注，这会被平台认为账号在进行恶意操作。

（3）注意养号的周期

养号是有周期的，前期通常是7天左右。在这段时间里，我们不要发布任何作品，只观看其他用户的作品。在这个阶段，我们每天的在线时长不能低于3小时，并且需要划分时间段。上午刷一会儿，下午刷一会儿，晚上再刷一会儿，形成一种活跃且有规律的状态。

值得一提的是，在众多短视频平台上，都有企业号和个人号的区别。相比个人号，企业号的注册流程更为复杂一些。

总体来说，短视频账号的注册比较简单，但需要注意的问题也不少，要想在后期运营中获取高权重，前期的养号过程务必重视。

2.1.2　打造让人快速记住的个人资料

在人际交往中，我们通过语言介绍自己；在网络环境下，我们可以通过个人资料介绍自己。

个人资料主要包括三个方面的内容，即头像、昵称和简介。

（1）给短视频账号取个好名字，使其发挥品牌作用

古人云：“赐子千金，不如教子一艺；教子一艺，不如赐子好名。”由此可见姓名对一个人而言是至关重要的。

对于短视频运营者而言，取一个好的短视频账号昵称同样重要。一方面，短视频账号昵称是短视频运营者的个人标签；另一方面，它也是我们运营短视频时的重要门面，直接关系着我们的短视频账号能否被用户立即关注。

那么，短视频账号昵称究竟应该怎么取呢？这其中也是有门道的。具体来说，一个好的昵称应该具备以下特点。

① 便于记忆

取名的目的是为了让更多用户更好地记住我们的短视频账号。所以，一个好的短视频账号名首先必须好记，而要做到这一点，就要求我们所取的短视频账号昵称必须具备以下三大特征（见图2-2）。

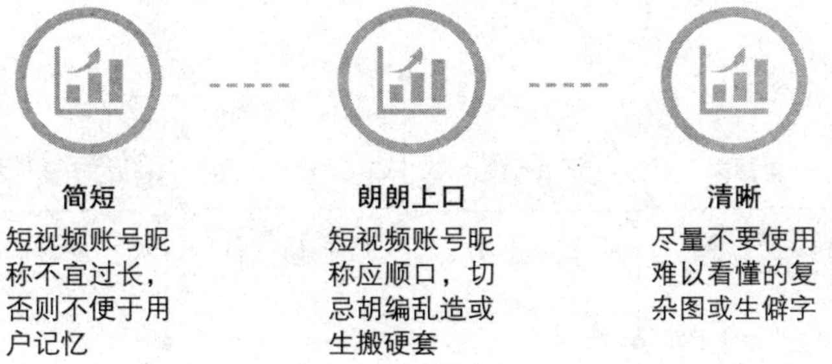

图 2-2　好记短视频账号昵称的三大特征

② 通俗易懂

除了好记外，通俗易懂也是设置短视频账号昵称的基本原则。而要做到通俗易懂，也有三大要求（见图2-3）。

图 2-3　通俗易懂短视频账号昵称的三大要求

③ 具有独特性

一个具有独特性的短视频账号昵称能更好地体现出我们账号的辨识度，加深用户印象，方便其快速识别。

④ 易于传播

在注册短视频账号的时候，我们所取的短视频账号昵称一定要易于在平台内传播，并符合正确的价值观。

在给自己的短视频账号设置昵称的时候，可以参考下面的做法（见图2-4）。

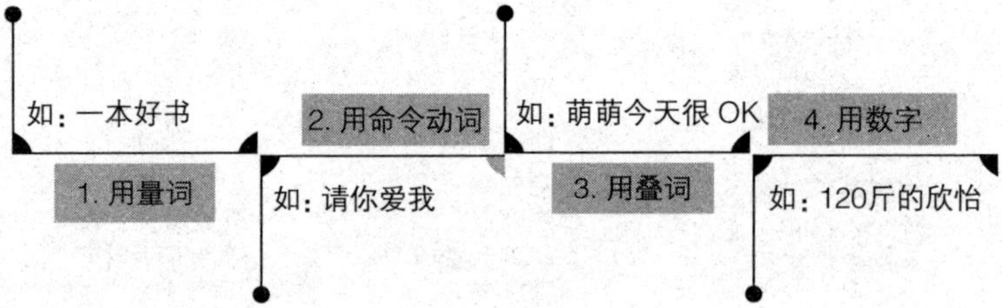

图 2-4　取好短视频账号昵称的四个技巧

需要注意的是，我们在拟定短视频账号昵称时，最好不要使用带有营销性质的词汇，这些词汇可能会降低账号的权重，严重者还有可能被平台限制流量。

（2）编撰一个有利于用户传播的短视频账号简介

当我们设置好短视频账号昵称之后，接下来就要撰写一个有利于用户传播的个人简介。在运营短视频账号的时候，个人简介带给用户的“杀伤力”是巨大的，它能够帮助用户快速地了解我们的账号，进而观看我们的作品，并成为我们账号的关注者。

一般来说，我们在撰写个人简介时要本着以下三大原则（见图 2-5）。

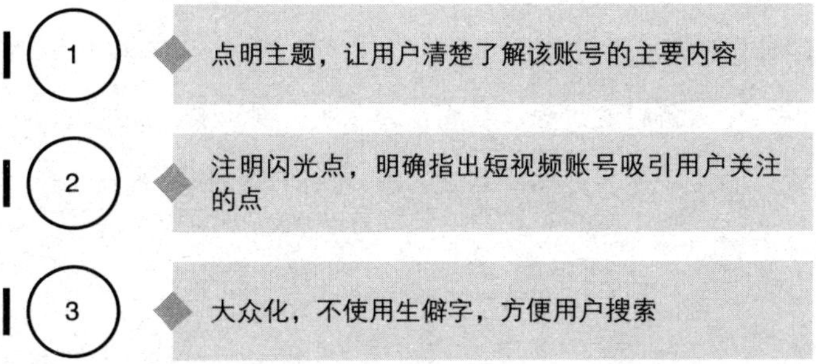

图 2-5 撰写短视频账号简介的三大原则

（3）选择一个适合自己的头像

短视频账号头像同昵称、简介一样重要，在虚构的网络世界里，一个适合的头像能够决定用户是否会在第一时间内注意到我们并愿意关注我们。

在选择短视频账号的头像时，应该遵循以下原则：

① 要与短视频账号的定位相匹配

比如，如果你的短视频账号定位是萌宠类，那么你的头像就可以选择一个可爱的小动物，这样用户一看到你的头像，就能马上将你的账号与萌宠产生联系。

② 要突出重点

如果你注册的是个人短视频账号，那么你可以把头像设置为自己的全身照或正面的清晰自拍照；如果你注册的是企业短视频账号，则可用企业的品牌名或Logo作为头像，这样会使其他用户对你的印象更深。

③ 要吸睛

头像要选具有吸睛效果的图，才会给人有想关注的欲望，甚至对你一眼难忘，直接关注你。

编写个人资料的过程，就像是为毛坯房刷油漆、铺地板、贴墙纸的过程，当这一系列过程都完成之后，我们的短视频账号才能算是注册成功了。

2.2　养号第二步：清晰定位，贴好自己的标签

“贴标签”，意味着我们要在他人的脑海里刻上一个标记，让他们认为我们是与众不同的。我们要想脱颖而出，就要有特色，尤其是在这个习惯把人和事物分门别类的网络时代。短视频领域是同样的道理，一旦我们形成了特定的风格和形象，就会有稳定的用户群，为后期长远的发展打下良好的基础。

2.2.1　明确定位：把自己放在合适的位置

诸多火爆的短视频，一经推出，就引得众人争相模仿。于是短视频行业逐渐成为“红海市场”，竞争日益白热化。很多运营者始终摸不清自己的定位，只会随波逐流，就连短视频平台之间也走向同质化。这些一味只会盲从的运营者们，难免会被市场淘汰。

因此，想要在竞争中赢得一席之地，就要找准自己的位置，也就是对自己进行市场定位。市场定位是一个营销学的概念，它是指针对产品在目标消费者心目中相对于竞争产品而言占据清晰、特别和理想的位置而进行的安排。

只有明确市场定位，把自己放在合适的位置，才能放大自身的优势和特点，在市场竞争中占有一席之地。

想要找准市场定位，可以使用“USP”定位法。

“USP”的全称是Unique Selling Proposition，这一理论又被称为创意理论，它的含义就是“揭示一个品牌的精髓，并通过强有力的、有说服力的证实它的独特性，使之所向披靡，势不可挡”。

归纳起来，“USP”理论主要具有以下三大特征（见图2-6）。

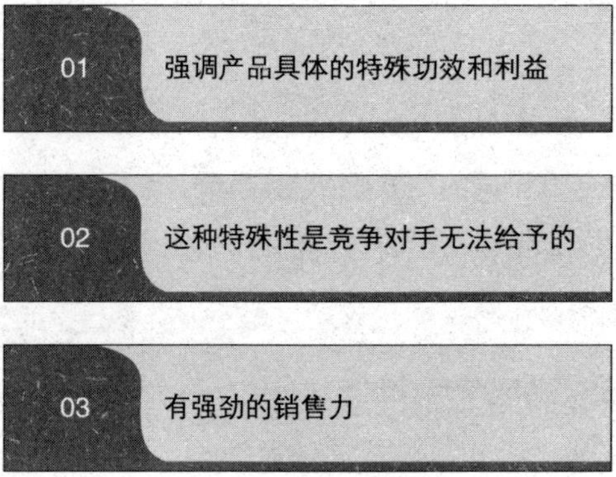

图 2-6 “USP”理论的三大特征

了解了“USP”理论后再来理解“USP”定位就会容易得多。简单来说，所谓的“USP”定位就是锁定自己擅长的领域，向别人展示自己独特的优势，并通过强有力的说服来证明这一优势。

作为短视频运营者，我们又该如何去进行“USP”定位呢？

下面，我将从个人短视频账号和企业短视频账号两个角度，分别来讲解“USP”短视频内容定位的技巧和方法。

（1）个人账号：客观审视自己，找到自己的优势和专长

根据观察，我发现在现实生活中许多个人短视频运营者都会犯同一个错误，那就是找不到自己擅长的领域，不知道自己究竟应该在短视频领域中突出哪一方面，甚至认为自己可以涉足多个领域，实现多元化发展。遗憾的是，这样的错误往往会让这些短视频运营者的努力竹篮打水一场空。

在前面，我们已经强调过“USP”定位的一个关键点便是必须锁定自己擅长的领域，向别人展示自身所具有的独特魅力。换言之，就是要客观地审视自己，找到自己的优势和专长。

那么，这个优势和专长应该怎样去确定呢？以下提供几种方法，希望能帮助到大家。

① 回想一下自己做过被人称赞最多的事情是什么

作为商家或短视频创业者，要想找到自己的优势和专长其实并不难，一个最简单的方法就是静下心来，好好审视一下自己，回顾一下自己做过的被人称赞最多的事情是什么。

比如，你厨艺很好，许多人都夸过你做饭好吃；你声音条件不错，许多人都称赞过你唱歌好听；你很会做手工，大家都觉得你做出的作品栩栩如生……那么，做饭、唱歌、做手工就是你的特长，你进行短视频内容定位的时候，就可以从这几方面去入手。

② 回想一下自己比别人学得快、用得好的技能是什么

正所谓“天生我才必有用”，在现实生活中，我们每个人身上都具有自己的优势，只是这些优势有的是显露在外，有的则隐藏很深，需要在实践的过程中慢慢发现。

通常，确定我们身上隐形优势的一个重要参照就是我们学习某项

技能或做某件事，是否用的时间比别人短，效果比别人好。

③ 回想一下自己做什么事情的时候最专注

只有当你真正喜欢做某事并擅长做某事的时候，你才能心无旁骛、乐在其中。

所以反过来，要想确定自己的优势和专长是什么，一个可行的办法便是认真去回想一下自己在做什么事情的时候最专注。

当然，发现并锁定自己优势的方式还有很多，以上仅提供几种供大家参考。

（2）企业账号：放大品牌文化，加强创新力度

企业运营短视频号与个人运营短视频号是有区别的。对于企业短视频号而言，要想找到自己的优势，锁定自己擅长的领域，最重要的一点就是要放大品牌文化，加强创新力度。

具体来说，就是要在坚持企业自身品牌力度和文化价值的基础上进行创新和策划，以加深粉丝对品牌的认同和喜爱程度。

总之，不管是个人短视频账号还是企业短视频账号，在实际的运营中，只有找到了自己擅长的领域，才能更好地在短视频市场发声。

2.2.2 “贴标签”：在激烈的竞争中突围

网购时，如果我们想选择多样化的商品，我们会选择淘宝；如果我们的第一需求是商品快速到家，那么我们会选择京东；如果我们想购买书籍，则会选择专业的购书平台当当……

我们之所以会这样选择，正是因为这些平台都为自己贴上了相应的标签，当我们有相关需求时，我们脑海中首先就会闪出它们的身影。

这就是“标签”的作用。当我们已经找出了自己的优势，给短视频账号进行了定位，那么接下去需要做的，就是让短视频容易被看见。

在大数据时代，“标签”已经成为筛选有效信息的不二法门。一个好的标签，会依托大数据中的算法逻辑，促成短视频被准确地推送到目标用户那里。

（1）拟定标签的首要原则

有的时候我们存在这样的疑惑，我的短视频内容出彩，风格鲜明，为什么没有人看？其实原因很简单——没有选对标签。就像是把足球赛推荐给爱看韩剧的女生，把美国大片推荐给爱听京剧的老人一样，即使我们的内容再精彩，受众不是那个“对的人”，也无济于事。

因此，拟定标签的首要原则，就是必须与视频内容相符。

如果你想做一个旅拍类的短视频，那么每一期视频就要围绕旅行展开，例如，新手旅行指南、旅行地点推荐、旅行vlog教程，等等。这样每期的标签都是“旅行”。另外我们再根据具体内容的不同，添加其他相关标签，把短视频精准地投放到喜欢这类视频的用户群体手中，提升垂直领域的关注度。

（2）拟定标签的四大要素

标签的拟订，除了与视频内容相关，还有其他四大要素，把握这四大要素，能够帮助我们快速精准地找到用户群（见图2-7）。

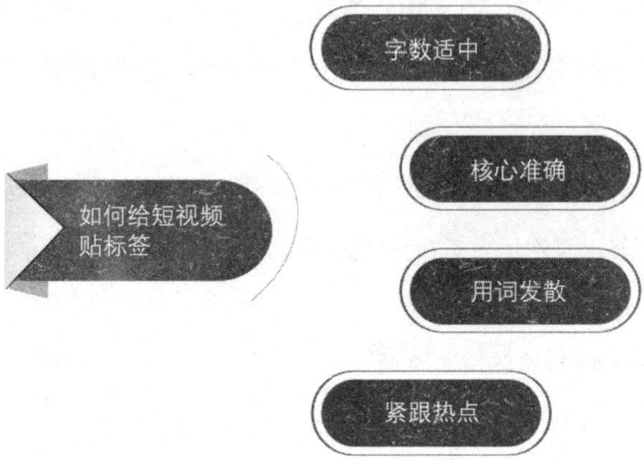

图 2-7　给短视频贴标签的四大要素

① 字数适中：5～8个最佳

标签的字数不宜太短或太长，太短会令短视频涵盖的内容过于宽泛，无法找准垂直用户，太长的标签又会错失相关联的群体。一般每个标签的字数在2～4个之间，想要更精准地投放可以把字数增加至5～8个之间。

比如美食类短视频，我们可以根据内容添加“川菜”“美味”“小龙虾”等标签，这基本不会有错。但这些标签比较大众化，想要更加精准地将短视频推荐给用户群，我们可以适当增加字数，例如，“自己做川菜”“美味私房菜”“麻辣小龙虾”等，这样就能直指目标群。

② 核心准确：主旨鲜明，切勿生拉硬扯

我们在设置标签的时候，要注重“实事求是”的原则，视频内容是什么，就贴什么样的标签，千万不能为了扩大涵盖范围，而加入一些和视频毫不相干的词汇。比如，干货类开箱测评视频，如果设置成“美女”“搞怪”等标签，会导致大数据无法将视频推给目标用户群。正确的做法是根据短视频的内容、风格、特质等设置标签。

另外，我们也可以根据粉丝的反馈，分析视频中的哪一个点给他们留下了深刻的印象，由此总结出新的标签。

③ 用词发散：与之相关的同类词

给短视频“贴标签”是为了帮助我们准确地找到视频的受众群体，不能贴无关的标签，但可以用同内容有关联性的词。比如爱看搞笑视频的人，也爱看幽默段子；有关萌宠的内容，也可以加上“铲屎官”“猫主子”等词汇；涉及健身类的，还可以贴上“健康管理”等标签。

根据“核心标签”横向发散，就能覆盖更广的目标受众，增加视频的曝光量。

④ 紧跟热点：学会审时度势

短视频的内容创作不宜盲目跟风，但一个优质的热门话题，一定代表其背后具有庞大的流量。另外，我们还要注意“重大日期”带来的影响，比如情人节、端午节、春节等节日，此时我们的视频内容就可与之相关，并且在恰当的时间发布。这样我们的短视频就能借着这股“天然流量”的东风顺势而起。

2.3 养号第三步：锁定目标人群，建立用户画像

当我们刚刚接触一个人，我们会在心里为他打分、画像，而我们运营短视频账号，也同样需要如此。我们锁定目标人群，分析相关数据，了解用户偏好，最终建立用户画像。而这一切工作开展的前提，是因为只有精准把握受众喜好，才能真正进入受众心中。

2.3.1 何为用户画像

在了解如何建立用户画像之前，我们可以先看看下面这道逻辑推理题，尝试着理解一下建立用户画像的感觉。

【逻辑推理题】

已知：玲玲，女，25 岁，北京人，985 大学硕士毕业，忠实“果粉”，目前在传媒公司工作。

求：玲玲喜欢买什么东西？

答：玲玲是 25 岁的年轻女性，且在传媒公司工作，一定会对化妆

品和服饰感兴趣；

玲玲是忠实“果粉”，对苹果公司的产品有着强烈的追求，对电子科技的东西很感兴趣；

玲玲学历较高，工作上也需要不断学习，对文化产品比如书籍会有一定的需求；

…………

通过上面这道逻辑推理题，我们可以看出，分析用户的特征，去判断他们喜欢买什么东西，其实就是在对用户进行画像。

所谓的用户画像，就是根据用户的社会属性、生活习惯和消费行为等信息抽象出的一个标签化的用户模型。根据这个模型，给用户提供针对性的服务。简单来说，就是用户信息标签化。

所以，构建用户画像的核心工作就是给用户“贴标签”，而这些标签是通过对用户的信息进行分析而得到的高度精练的特征标志。

【案例分享】

如果我们经常购买小孩的衣服，那么电商网站就会根据这个情况，给我们贴上“有小孩”的标签。有时甚至还会根据我们购买的衣服的尺寸，判断出我们孩子的年龄，然后贴上更为具体的标签。如此一来，电商网站就会根据这类标签更加精准地向我们推送商品，比如孩子喜欢玩的玩具、喜欢吃的零食等。

2.3.2 建立用户画像的意义

建立用户画像，目的是让用户的形象更加鲜明、立体，这样做对于短视频运营者来说，具有以下优势：

（1）使短视频的目标群体更加聚焦

无论在何种领域，我们都会发现，能在某一领域做专、做精的人，往往会比那些力图抓住所有领域的人更容易成功。例如野食小哥专注于美食领域、李佳琦专注于美妆领域。因为每个短视频账号都是为特定目标群的受众服务的。他们服务的目标受众群通常是非常清晰、明显的，这样做短视频，才能做专、做精。

反观那些期望目标用户涵盖所有人的短视频账号，通常都会走向消亡，因为每一条短视频的内容都是为特定目标群的共同标准而服务的，当目标群的基数越大，这个标准也就越低。换言之，就是这条短视频的内容会毫无特色。

（2）在一定程度上避免短视频运营者草率地代表受众

代表受众发声是在短视频创作中经常出现的现象，比如papi酱在创作短视频时，就曾经模拟过父母对我们的态度，引起了很多人的共鸣。但这都是papi酱在总结过大家共同的心声后做出来的视频，如果我们盲目地按照自己的喜好，自以为是地替用户发声，很有可能会出现短视频内容与受众价值观不符的情况，引起受众“脱粉”。

举个例子，早前一个拥有上千万粉丝的某自媒体大V，在没有事实依据的情况下，发布了一篇刻意编造故事、煽动受众情绪的文章，引起大量的负面舆论，最后她被迫关掉了自己的账号。这也正是因为她自认为受众没有判断力，利用虚假故事来“假装”为受众发声导致的。

(3) 提高短视频运营者制作视频的效率

在短视频运营越来越专业化的今天，制作短视频往往是一个团队共同努力，但参与者一多，分歧就不可避免，有的人认为应该拍这样的内容，有的人认为那样的内容更合适。此时制作视频的效率显然会非常低。

当我们有了用户画像之后，我们就会明白受众到底希望看到什么内容，就会大大缩减我们创作内容的时间，提高制作短视频的效率。

总而言之，建立用户画像，是我们运营短视频过程中必不可少的环节，做好这一环节，我们将受益无穷。

2.3.3　建立用户画像三步曲

建立精准的用户画像意义非凡，但该从何入手呢？详述三步曲（见图 2–8）。

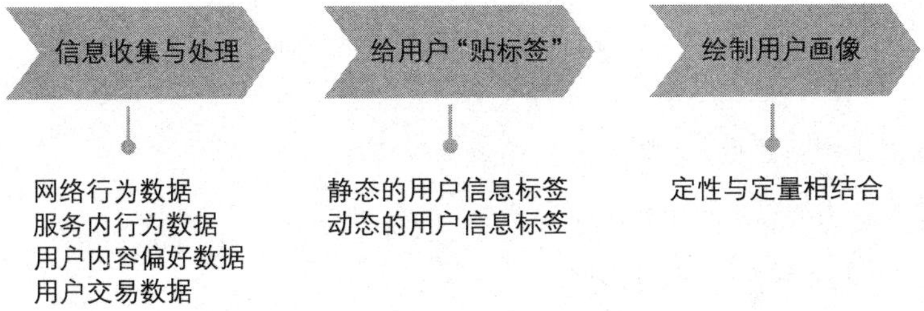

图 2–8　建立用户画像三步曲

(1) 信息收集与处理

信息的收集与处理是我们建立用户画像的第一步，也是非常重要的一步，准确、全面地收集信息是我们建立精准用户画像的必要前提。

在收集信息时，我们大致可以从网络行为数据、服务内行为数据、用户内容偏好数据和用户交易数据这四类入手（见图2-9）。

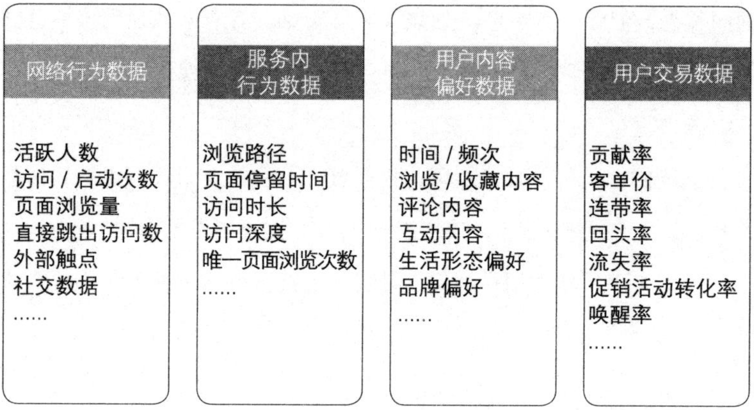

图 2-9　四类数据信息所含内容

通过图2-9，我们可以大致看出用户的偏好，判断用户对什么样的短视频内容感兴趣，也能够直观地看出什么样的短视频更容易触发用户的消费行为。

当然，这些数据在一定程度上具有不确定性，需要在后续阶段中建模来判断数据的真假。比如虽然某用户在性别一栏填“男”，但通过其行为偏好可判断其性别为“女”的概率为80%。

（2）给用户“贴标签”

这个步骤是建立用户画像最核心的部分，也是比较复杂的部分。不同性格、不同偏好、不同目的的人，标签都是不同的，各有侧重点。我们在对短视频用户“贴标签”时，需要具体问题具体分析。

常见的标签分为两大类别：一类是相对静止的用户标签；另一类是相对动态的用户标签。

相对静止的用户标签比较容易掌握，主要是人的自然属性和社会属性标签，包括用户的姓名、性别、年龄、身高、体重、职业、地域、受教育程度、婚姻、星座及血型等。这些信息在用户的短视频账号或是发布的内容中都能大致推测出来，比较好获得。

相对动态的标签则因为处于不断变化中，所以比较难把握。主要是用户的网站行为属性，即用户在网站内外进行的一系列操作行为。常见的行为包括：搜索、浏览、注册、评论、点赞、收藏、打分、加入购物车、购买及使用优惠券等。在不同时间和不同场景，这些行为不断发生着变化，它们都属于动态的信息。因此对于动态数据，短视频制作者要进行长期追踪、搜集数据，然后从用户的变化中总结出规律。

值得一提的是，没有最火的短视频，即便某个短视频非常火，也不可能满足所有用户的需求，符合所有人的口味，所以我们只需要抓住主要用户的偏好和需求即可。

（3）绘制用户画像

绘制用户画像是最后的步骤，需要将前两步结合起来，并采用定性与定量相结合的研究方法。

定性的研究方法，就是确定事物性质，是描述性的；定量的研究方法，就是确定事物的数量关系，是可量化的。

定性与定量相结合的研究方法，运用到建立用户画像上，就是先用定性的研究方法对用户的性质和特质作出概括，形成相对应的用户标签；再使用定量的研究方法，给每一个标签打上特定的权重。

通过这三个步骤，我们就可以建立精准的用户画像，以此来锁定目标人群。

2.4 养号第四步：利用热点话题，轻松上“热门”

有一个众所周知的短视频运营技巧：如果我们想快速地“火”起来，利用热点话题是最好的方式之一。毕竟高质量的内容并非人人都能轻易做到。

2.4.1 热点话题的两种类型

既然我们都想利用热点话题，那就一定要想办法做好，要不然非但无法获得流量，还容易变成一个笑话。利用热点话题不能只是单纯地搬运，纯粹地搬运他人的视频，很有可能被平台封号。

热点泛指受关注的新闻和信息，或者是能够引人注目的话题，分为两类（见图2-10）。

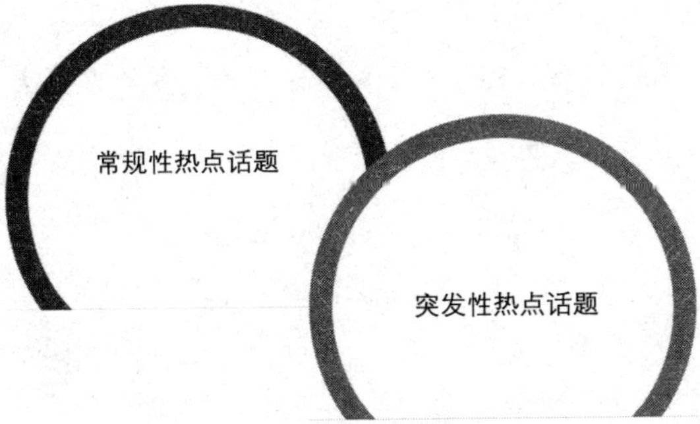

图 2-10　热点话题的两种类型

（1）常规性热点话题

比如大家都知道的法定假日、官方公布的纪念日、赛事活动，等等。这类热点话题具有普遍性的特点：①备受大众关注；②持续时间相对固定；③可以提前预见、提前筹备；④容易扎堆，考验创作者的创意。

（2）突发性热点话题

我们最容易关注的就是突发性的热点话题，这类话题主要是由社会热点事件、娱乐八卦等构成，比如“杨幂同款服装”“最新爆款口红”“时下最火的综艺选秀节目”等。这一类事件无预兆，突然性强，受关注高，流量极大，同样地，留给创作者创作和反应的时间也短，非常考验创作能力。

2.4.2　从哪里找热点话题

热点话题其实每天都有，有的热点话题很快沉寂，而有的热点话题会持续发酵，关键要看我们会不会寻找。

对于运营者来说，能快速准确地找到热点信息，是一种高超的本领。对于常规的热点信息，大家只需要查看一些必备的营销日历，上面都会有详细的解释。但是对于突发性热点，如果你确实不知道怎么查找，我建议你可以通过以下数据入口来获取（见表2-1）。

表 2-1 热点话题的数据来源

数据来源	特点
抖音的每日热榜、微博热搜榜、搜狗热搜榜等	这是反映当下热点事件的主要数据表，上面罗列的都是正在发生的热点
头条指数、知乎精选等	这一类数据反映的是当前的热点话题，流行风尚以及主流风向标
西瓜视频、卡思数据、清博大数据等	这一类反映的是热点事件，很多将要发生的热点事件，都是在这里慢慢发酵起来的
时事新闻、微博热搜、微信公众平台上的热门文章等	这些热门话题，通常是经过二次加工的，本身就具有一定的创作性。我们在使用这些话题时，要注意选择与自身账号相匹配的话题

通过上面罗列的平台提供的数据，我们可以搜索到想要的大部分热点信息，并根据这些热点信息，创作自己的短视频内容。

2.5　养号第五步：提升权重，和“僵尸号”说再见

众所周知，如今的短视频平台，已经不仅仅是简单的“记录生活”的平台，更是一个充满无限可能，拥有超多用户的巨大流量池。在这个流量池中，我们要想脱颖而出，就不得不努力提升“权重”。短视频账号的权重越高，就意味着我们的粉丝越多、流量越多，变现的机会也就越多。

2.5.1　权重有多“重”

我们经常会听到“权重”这个词，但权重究竟是如何与短视频运营挂钩的呢？事实上，短视频账号的权重，会直接影响短视频的播放量和账号的搜索排名。

(1) 权重影响短视频的播放量

通常情况下，我们发布一则短视频，这则短视频的初始推荐量会在500～700次之间。但如果我们账号的权重较高，短视频平台就会给我们更多的曝光量，我们获得的初始推荐量会在10000次左右。

曝光量越大，就意味着能够吸引到更多人观看视频。假设我们

的初始推荐量为500次，那么即使500个受众都是精准用户，全都非常喜欢我们的视频，为我们的视频点赞，点赞量也不过500；可如果我们的初始推荐量为10000次，那么即使这些用户大部分不喜欢我们的视频，还是会有一小部分喜欢，为我们点赞，点赞量也会大于500。

（2）权重影响短视频账号的搜索排名

在短视频平台上，有很多账号的昵称类似甚至一模一样，同时短视频内容的同质化现象也非常严重。所以当用户搜索我们的昵称或是搜索感兴趣的关键词时，排名靠前的短视频内容自然更容易被看到。

【案例分享】

有段时间自制奶茶的短视频很火，许多用户就在平台搜索“自制奶茶”这个关键词，以寻找相应的视频观看、学习。这时排名靠前的“Yi小厨”“奶茶自习室”等账号的自制奶茶视频就引起了用户的广泛关注，获得了一百多万点赞量。

2.5.2 权重的测算方式

抖音官方不创作内容，内容的来源完全出自作者，所以抖音会大力扶持有潜力的创作者，而资质优秀的“小白”，就会受青睐。因此一个新账号的前几条视频尤为重要，它决定了你的初始权重，也就是你的短视频内容值不值得被推荐（见表2-2）。

如果你作为新手发布的第一条视频，在官方的推荐下获得了很好的效果，那么恭喜你，有了一个不错的开始，接下来只需要持续不断地更新优质内容，利用抖音对新人的流量扶持，让自己的账号形成良性循环。所以说，如果账号的第一条短视频有着超高流量，想要继续打造“爆款”，就要源源不断地制作更精美的短视频。

想要打造一个高权重账号，一般要保证前五条短视频在较短时间内突破5万播放量，这样你的作品上热门的概率将会大幅提升。如果连续发布7～10个视频，播放量维持在3000～5000次之间，能够获得200～300个赞，也将被官方纳入待推荐账号。这个时候我们一定不要操之过急，保持良好心态，持续不断地更新优质内容，多参与抖音官方发布的话题和活动，逐渐获得更多流量。

但如果我们在一段时间内，没有发布新的作品，或者内容不够出彩，播放量都在200次以下，权重就会逐渐降低，还会出现被限流的情况。有的创作者盲目上传与本账号无关的内容，导致垂直领域的粉丝流失，播放量和点赞量骤减，以至于之前的心血白费，这非常不明智。

新账号在注册初期的权重不高，大概是400分。不过系统对账号设有审查机制，每周会根据你所发布作品的播放量、点赞量和转发量进行综合评分，判断你的账号是否优质。如果我们在很长一段时间内都没有获得良好的数据，账号将会被逐渐扣分。

当权重分降到300以下，那么这个账号将被定义为低权重账号了。然而有的创作者盲目追求数据，频繁进行违规操作，就会被直接扣分，成为低权重账号。

如果我们不做任何挽救措施，仍然长期不发布优质短视频，那么评分将持续下降。降为200分时，账号就变成了“僵尸号”。此时流量几乎为零，再想要发布任何视频，都很难获得关注度。

如果账号存在重大违规，权重分降为100时，就会面临封号。但相反，如果你的账号长期且持续地更新优质内容，各项数据节节攀升，收获了很多播放量、转赞数、粉丝和评论等，那么你的账号评分将会快速增长，涨至700分时你的账号就被定义为高权重账号。

我们可以根据自己连续发布的作品的播放量，来判断自己短视频账号的权重，按照实际情况做出及时的调整。

表 2-2 短视频账号权重分析

4 种类型	僵尸号	低权重号	待推荐号	高权重号
新作品播放量	小于 100	100 ~ 200	3000 ~ 5000	1W 以上
短视频账号权重	权重基本为 0	权重较低（初次分配到低级流量池）	权重比较高（被系统分配到高级流量池）	权重极高（下一个上热门的就是你）
建议	注销账号、重新注册、养号	短视频质量加强、视频原创	创作高质量内容、加强点赞数评论	参与热门话题挑战、参与同款拍摄、同达人合拍

把握好短视频账号的权重分析和测算方式，能够帮助我们避免进入运营短视频账号的误区，迅速获取流量和粉丝。

2.5.3 提高权重的“北斗七星”模型

当我们发现自己的短视频账号属于低权重账号时，该如何改善呢？提高短视频账号的权重，主要有以下七个方法，我们将其总结为提高权重的“北斗七星”模型（见图2-11）。

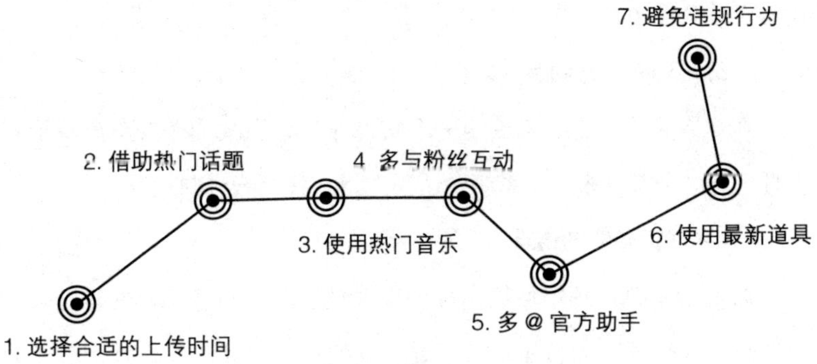

图 2–11　提高权重的“北斗七星”模型

（1）选择合适的上传时间

不同时间段内，短视频的播放量和关注量有很大的区别，而中午13:00和18:00之后，都是人们浏览观看短视频的高峰期。在高峰期发布视频，有利于提高短视频内容的完播率、关注率、点赞率等数据，从而提升账号的权重。

（2）借助热门话题

抖音、快手等短视频平台，会不定时地推出各种主题活动，形成了一些热门话题，将这些话题运用到短视频创作中去，有可能会得到短视频平台的大流量推荐，从而获得更高的播放量，增加权重。

（3）使用热门音乐

大部分短视频用户都喜欢追随时尚潮流，使用时下热门的背景音乐，可以迅速引起用户的好感。同时，短视频平台能够识别出这些比较热门的音乐，当我们使用这些音乐时，系统会给予权重扶持。

（4）多与粉丝互动

回复评论、回复私信也是有效提高账号权重的方式之一。尤其是当我们能够及时并且频繁地与粉丝互动时，系统会认为我们的账号比较活跃，深受用户喜爱，自然会给我们进行更高强度的推荐。

（5）多 @ 官方助手

在短视频平台上，都会有一个官方账号，当我们在发布短视频内容时，@这个官方账号，系统会适当地增加我们账号的权重。

（6）使用最新的道具

短视频平台会频繁地推出各种符合时代潮流的道具，这些道具一经推出，就能获得大量用户的喜爱。我们在应用这些道具时，也能为自己带来一些流量，提升权重。

（7）避免违规行为

违规行为包含但是不限于发布广告、出现敏感词汇、含有社会负能量、带货、留联系方式等。发布这样的内容，容易被平台降权。

学会利用这七大方法，提升短视频账号的权重，将会让我们受益无穷。

2.6　养号第六步：营销号被关“小黑屋”、封号怎么办

作为一个新崛起的流量池，短视频成为许多企业、创业者追捧的新战场，但短视频运营的不可控性却非常明显。

一旦触碰红线，不管我们的作品有多厉害、粉丝有多少，哪怕是不小心，也会受到相应的惩罚。轻则限流、降权、屏蔽你的部分功能，重则封号数日，甚至直接删除账号，清空所有数据。

2.6.1　避开封号雷区

任何事物都有其运营的规则和制度，短视频运营同样如此。如果我们破坏其中的规则，必然会遭受相应的惩罚。为此，提醒大家，在运营短视频账号时，一定要避开封号的四大雷区。

（1）账号作弊——刷粉、刷赞、刷评论

在运营短视频账号的初期，很多人会“购买”粉丝，让其他账号给自己的账号作弊，希望通过看起来流量很多的假数据，吸引更多人的关注。

事实上，根据众多短视频平台的算法机制，这些假数据是不算入

账号的流量中的。虽然这种方式有可能引起部分用户的好奇，但风险远远高于收益。因为频繁地刷粉、刷赞、刷评论，会让我们的短视频账号被降权，丧失账号在平台上的信用度，然后短视频的播放量会开始锐减，直至不再获得任何流量。

（2）盗窃作品——盲目跟风

短视频运营的核心是作品的内容，如果我们的短视频作品缺乏创意，甚至照搬照抄其他用户的作品，很容易被平台封号。

同时，当我们的账号运营了一段时间之后，平台会根据我们的账号数据对我们的账号进行定义，如果我们的作品创意十足，平台就会认为我们的标签鲜亮，我们账号的权重就会增高。反之，如果我们到处抄袭，那么我们账号的标签就会变得不够精准，平台也就不会对我们的短视频进行深层次导流。

（3）过于产品化思维——发布垃圾广告

短视频平台之所以吸引用户，是因为其娱乐性强，虽然我们运营短视频账号的初衷是实现流量变现，可过于产品化的思维会引起平台和用户的反感。

有些人一直在短视频平台上发布广告，而这些广告，很有可能会被其他用户投诉，从而导致我们的账号被封。

（4）忽视网络法律——上传违法内容、诽谤他人

无论是在现实中还是在网络上，我们都不能违反法律。有些人在网络上大肆辱骂、诽谤甚至教唆他人犯罪，这些行为都要负法律责任。

短视频平台通常都会发布相关的管理条例，我们在运营短视频账号时，一定要注意平台的禁忌。图2-12是《抖音社区自律公约》截取部分，我们可以根据其中关于违禁行为的说明，规范自己的操作，避免被封号。

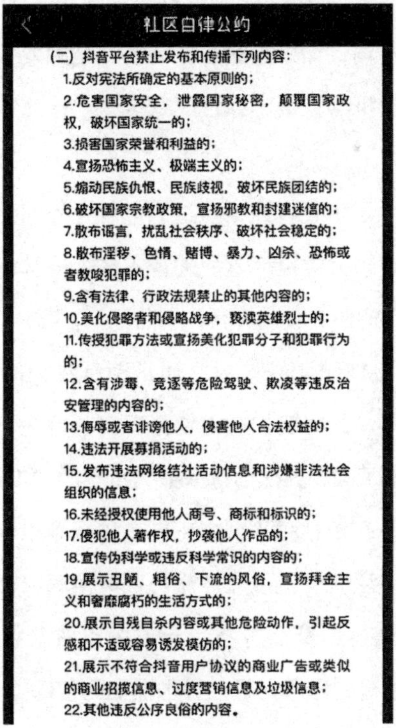

社区自律公约

（二）抖音平台禁止发布和传播下列内容：

1.反对宪法所确定的基本原则的；
2.危害国家安全，泄露国家秘密，颠覆国家政权，破坏国家统一的；
3.损害国家荣誉和利益的；
4.宣扬恐怖主义、极端主义的；
5.煽动民族仇恨、民族歧视，破坏民族团结的；
6.破坏国家宗教政策，宣扬邪教和封建迷信的；
7.散布谣言，扰乱社会秩序、破坏社会稳定的；
8.散布淫秽、色情、赌博、暴力、凶杀、恐怖或者教唆犯罪的；
9.含有法律、行政法规禁止的其他内容的；
10.美化侵略者和侵略战争，亵渎英雄烈士的；
11.传授犯罪方法或宣扬美化犯罪分子和犯罪行为的；
12.含有涉毒、竞逐等危险驾驶、欺凌等违反治安管理的内容的；
13.侮辱或者诽谤他人，侵害他人合法权益的；
14.违法开展募捐活动的；
15.发布违法网络结社活动信息和涉嫌非法社会组织的信息；
16.未经授权使用他人商号、商标和标识的；
17.侵犯他人著作权，抄袭他人作品的；
18.宣传伪科学或违反科学常识的内容的；
19.展示丑陋、粗俗、下流的风俗，宣扬拜金主义和奢靡腐朽的生活方式的；
20.展示自残自杀内容或其他危险动作，引起反感和不适或容易诱发模仿的；
21.展示不符合抖音用户协议的商业广告或类似的商业招揽信息、过度营销信息及垃圾信息；
22.其他违反公序良俗的内容。

图 2-12　抖音《社区自律公约》截取部分

总而言之，在短视频平台上，我们需要谨言慎行，避开封号的雷区。

2.6.2　被封号后怎么办

由于我们对于短视频运营规则的不熟悉，出现被平台封号的情况也很正常，那么在封号之后，我们该怎样做才能将损失降至最低呢？

首先我们要明白，我们发布的短视频作品都要经过两道审核，才能面向用户，即机器审核和人工审核这两道关卡。

机器审核，一般是通过提前设置好的人工智能模型来识别我们的视频画面和关键词，如果画面存在问题或是触发关键词审核规则，我们的作品就会被机器拦截，通过“飘黄”“标红”等形式提醒人工注意。

而人工审核除了审查机器审核过的问题之外，会着重在视频的标题、封面截图和视频关键帧等方面进行审核。一旦出现问题，这些视频将无法上传，我们还会收到平台的警告。

所以我们的短视频账号被封，通常都是我们的视频内容出了问题，并非平台误封。此时我们就需要停下来，检视一下自己的短视频内容究竟是哪里出了问题，然后进入最为重要的“申诉”环节。

通常情况下，在短视频平台中可以直接找到申诉入口，我们需要提交“用户名”“注册手机号”“账号目前情况”“申诉原因”“申诉请求”等多重信息，然后等待平台方的审核。如果想尽快完成申诉，也可以联系平台的客服人员，寻求他们的帮助。

事实上，短视频账号被封之后，申诉解封比较容易，但我们的短视频账号却非常有可能被平台限流，账号权重降低。因此，账号解封之后该如何继续运营，才是我们需要思考的重点问题。

解封之后，我们一定要避开再次被封号的雷区，同时运用上文中提升账号权重的方法，重新获取平台的信任，提高账号权重。

第 3 章

拍摄剪辑：

从 0 到 1，制作一个能带货的短视频

正所谓“巧妇难为无米之炊”，要想玩转短视频运营，拍摄出抓人眼球、直指人心的优质短视频至关重要。而要做到这一点，就要求短视频运营者掌握好拍摄方法和剪辑技巧。

拍摄剪辑：如何从0到1制作一个能带货的短视频

- ①新手玩转短视频拍摄的五大步骤
  - 组建团队：分工合作
  - 撰写剧本：明确主题
  - 正式开拍：重在尝试
  - 剪辑包装：深层加工
  - 上传发布：与人分享
- ②拍摄前的准备事项
  - 储备拍摄入门知识
    - 镜头视角
    - 分辨率
    - 光圈与景深
  - 备齐拍摄常用设备
  - 布置特定拍摄场景
    - 找准场地
    - 做好陪衬
    - 抓住拍摄时机
    - 避免不必要的声音干扰
- ③拍出高大上的短视频的方法
  - 学会构图
  - 把控画面快慢
  - 分段拍摄
  - 活用道具
  - 玩转光线
- ④短视频剪辑疑难解析
  - 利用混音调节背景杂音
  - 切换滤镜改善拍摄效果
  - 利用美颜提高演员颜值
- ⑤短视频后期制作实用软件
  - 实用的移动端剪辑软件
    - 小影
    - 乐秀
    - FilmoraGo
    - 巧影
    - KineMix
  - 实用的 PC 端剪辑软件
    - 快剪辑
    - 会声会影
    - Premiere
    - 爱剪辑
    - GifCam

3.1　五大步骤，让新手玩转短视频拍摄

很多人在进入拍摄这一环节时，会手忙脚乱，分不清主次，不知道从哪里开始。为此，下面总结了新手玩转短视频拍摄的五大步骤，按照这些步骤依次进行，就能保证我们的拍摄工作有条不紊地开展。

3.1.1　组建团队：分工合作

通常情况下，拍摄短视频并不是一件随手就可完成的事情，它需要进行大量的筹备工作，包括策划、拍摄、表演、剪辑、包装，等等，而完成这些工作的基础，就是会集各有所长的人员。所以拍摄短视频的第一步，就是组建拍摄团队。

拍摄团队的组建，要与拍摄工作相对应。短视频的拍摄内容大多比较简短，并不像拍摄影视剧那样需要众多工作人员，一般只需要四五个就足够了，基本工作人员构成及各自分工（见图3-1）。

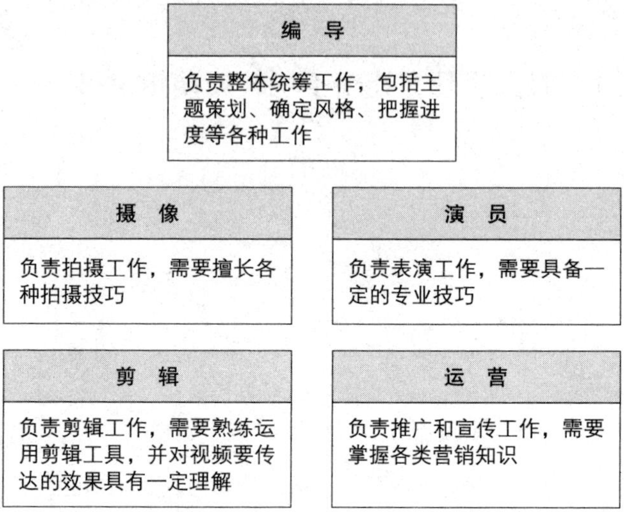

图 3-1　短视频拍摄团队基本人员构成

需要注意的是，在团队建成的初期，团队成员之间磨合不够，很容易产生分歧，或是因沟通受阻产生误解。这是每个团队建成初期的共同现象，不必过于担忧，但也要慢慢调整，让成员之间互相了解、互相信任，培养出共同打造一部短视频作品的默契。

同时，每个环节的工作人员都应该对短视频的内容、风格具有透彻的了解，无论是摄像师、演员还是剪辑师。如果不了解我们的短视频需要传达的信息，就很有可能无法做出我们预期的效果，所以拍摄短视频前，最好是将所有人聚集起来，就本次短视频的主题、内容等召开一次会议，让大家都了解拍摄的重点。

3.1.2　撰写剧本：明确主题

内容创作是短视频拍摄的核心环节，与影视剧创作一样，拍摄短视频同样需要撰写剧本。剧本的主要内容包括以下六个要素（见图3-2）。

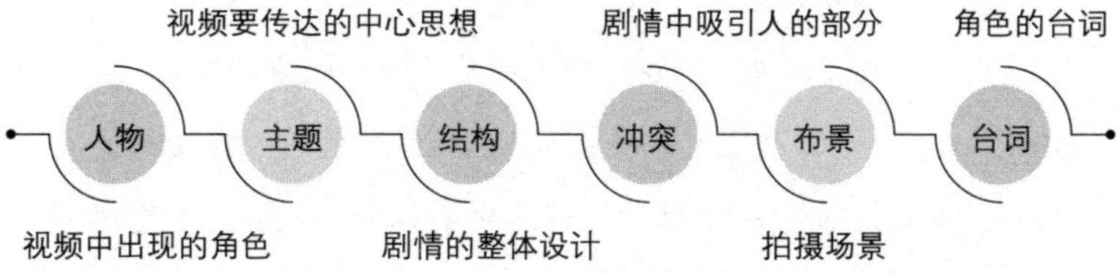

图 3-2　短视频剧本包含的六大要素

人的思维能不断发散，所以剧本的撰写往往不是一气呵成的，通常会反复地修改，反复地优化。剧本在拍摄的过程中，不仅仅起到提示内容的作用，还能时刻提醒我们准备好拍摄时需要用到的各种道具（见图3-3）。

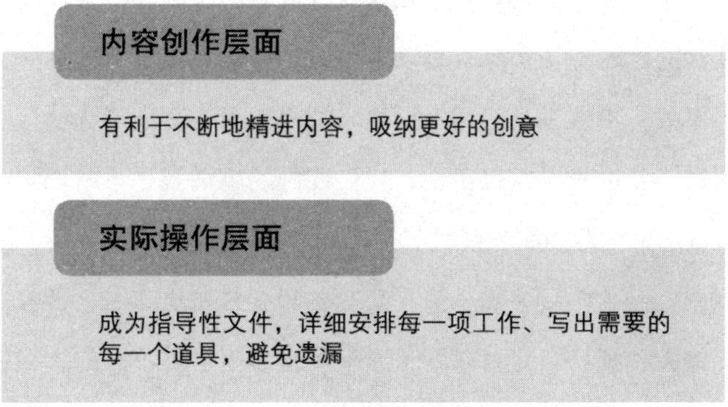

图 3-3　撰写短视频剧本的意义

短视频剧本并不需要特别复杂，主要用以表达短视频内容的中心思想。

那些高质量、高流量的抖音视频往往都有一个共同点，那就是都能够完美地表达出中心思想。如果说中心思想是短视频的灵魂的话，那么，明确主题、突出主体就是构建短视频灵魂的关键。

主题很好理解，就是你想通过这个短视频表达什么内容，传递什么价值；而所谓的主体，则是指视频所要表现的拍摄对象，它是视频画面的中心和重心，也是反映视频内容和视频主题的重要载体。

一般来说，在突出主体的时候主要有两种方法：一种是直接展示，即直接将想要拍摄的主体摆在视频最突出的位置；二是间接展示，即通过渲染其他事物来表现视频拍摄的主体。

3.1.3 正式开拍：重在尝试

当准备工作筹备完成之后，就进入正式拍摄阶段，这个阶段是整个拍摄过程中最重要的环节。

当新手们刚刚接触短视频拍摄时，难免会碰到各种各样的困难，比如撰写的剧本不切实际，难以落地；拍摄的场景没有勘察好，出现一系列事故；拍摄工具运用不到位，拍摄效率不高；等等。这些问题的出现对于新手来说都很正常，我们要做的事情就是不断地解决这些问题，从解决问题中积累经验。

同时，我们需要多看、多学优秀的短视频拍摄方法，吸收并借鉴他人的经验和技巧。也可以尝试着使用众多平台上不同的拍摄道具，挑选出适合个人风格和操作、更加简便的拍摄工具。

总而言之，在进入正式拍摄阶段之后，我们要重在实践，在不断的尝试中逐渐掌握拍摄短视频的相关技能。

3.1.4　剪辑包装，深层加工

任何一条引起大众好评的精彩短视频都经历了剪辑包装这一必要环节。对短视频进行剪辑包装时，一方面要保持素材之间的相互关联性，另一方面也要重视音乐、字幕、特效等各方面的点缀。

归纳起来，抖音短视频后期的剪辑包装工作主要包括以下三项（见图3–4）。

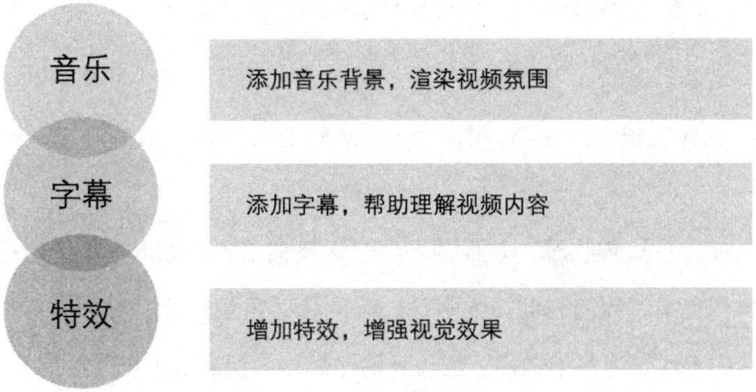

图 3–4　剪辑包装的主要工作

要做出高质量、高流量的短视频，在进行剪辑时，我们需要遵守以下三大原则：

(1) 细——细致

所谓的细致，就是指在进行抖音短视频的剪辑包装时，必须保证素材之间的衔接自然顺畅、细腻无痕，让人感觉不着痕迹。

(2) 新——新意

所谓的新意，就是指要有创意，剪辑出来的视频要附带自己的想法，突出自己的个性，给人与众不同、耳目一新的感觉。

（3）真——真诚

所谓的真诚，就是指在进行抖音短视频后期制作的时候要真心地站在粉丝的角度考虑问题，绝不敷衍了事。

总之，短视频剪辑包装的精华便浓缩于“细、新、真”三字之中。只有精准把握了这三个字的内涵，我们才有可能剪辑出自己想要的抖音短视频。

3.1.5 上传发布：与人分享

当新鲜的短视频“出炉”时，一定要尽力让更多人闻到它的“香味”，感受到它的独特之处。此时就到了短视频拍摄的最后一个环节——发布与分享。

在上传短视频时，短视频平台会让我们给短视频内容设置标题、封面和文案，好的封面抓人眼球，好的标题价值千金，好的文案带货无数。将这三项工作做好，能让我们的短视频得到最大化的扩散。

（1）设封面

在设置短视频封面时，要想让我们的封面独具个性、成功吸粉，需要掌握一些小诀窍，运用一些“小心机”。在浏览了诸多热门短视频的封面之后，下面总结出三种最常见的、吸引人注意的短视频封面（见表3-1）。

表3-1　三种常见的具有吸引力的短视频封面类型

封面类型	个人图像	“买家秀”	文字形式
表现形式	运用自己的图像作封面	运用具有强诱惑力的效果图作封面	运用重点文字作封面

续表

封面类型	个人图像	“买家秀”	文字形式
优势特点	操作简单、成本低廉，能很好地进行自我展示	能够很好地激发用户的观看兴趣	突出重点，勾起用户好奇心
运用场景	常用在突出个人魅力的短视频中	常用在美妆、美食类短视频中	常用在剧情类短视频中

（2）拟标题

在拟定短视频标题时，要遵循以下四个准则。

① 精准：表达态度，突出主题

短视频的标题一定要精准，要能够准确地传递短视频运营者的观念和态度，让目标用户一眼就知道你的短视频的核心内容。

② 真实：标题与内容相符合

在拟定短视频标题时，一定要从事实出发，切忌虚假夸大，造成短视频内容和短视频标题严重不符，否则，就会让用户产生莫名其妙的感觉，从而降低用户的期望值，影响和用户之间建立真实长久的互动关系。

③ 走心：充满情感，引发共鸣

拟定标题的一个重要目的就是为了吸引用户关注，而一个不带感情的冷冰冰的标题显然是无法做到这一点的。而要想减少生硬感、拉近与用户之间的距离，在拟定短视频标题的时候，就必须带着情感，带着温度。

④ 创意：标新立异，拒绝沉闷

在标题中加入一些富有创意的元素也是拟定短视频标题的一个重

要原则。这是因为，标新立异的东西往往能更好地吸引人的注意，从而帮助我们更好地达到引流吸粉的目的。

（3）写文案

俗话说，“每一个成功男人的背后，都有一个好女人的支撑”，而把这话运用到抖音运营中也同样适合——每一条高流量的抖音短视频背后，都有一个好文案的支撑。

常见的短视频文案有以下几种，这些文案的写作方式，能够有效地引起读者兴趣（见表3-2）。

表 3-2　常见的短视频文案写作方式

文案类型	文案特点	写作示范
互动类文案	设置疑问句或反问句，带有趣味性和启发性，能够给用户留下回答空间，互动性强	“有你喜欢的吗？”“你有这样的朋友吗？”
段子类文案	风趣幽默，具有出乎意料的反转效果，具有场景感，能让用户有身临其境的感觉	“救命！妈妈扛着扫把，在来打我的路上了！”
共谋类文案	能够引发用户的共鸣，引起同类用户的关注	“失眠成瘾，有同类吗？”
悬念类文案	给用户留下无限的想象空间，带给用户意犹未尽的感觉，设置悬念或反转剧情，给用户留下深刻印象	“狗狗突然就瘸了，带它上医院各种检查，都不知道是什么原因。看到它的样子感觉好心疼，结果最后我们发现，这货居然是为了骗好吃的在装瘸！”
叙述类文案	有画面感的叙述，营造出置身其中的感觉，增强与用户的互动性	“我想，这大概就是所谓的幸福生活吧。”
“恐吓”类文案	制造紧迫感，让用户产生怀疑并迫切地想在视频中寻找正确答案	“每天这样化妆，你不怕吗？”

3.2　做好摄前准备，事半功倍

制作爆款短视频最基础的环节就是拍摄，只有顺利完成拍摄，后续工作才能有条不紊地进行。而要想更好地完成拍摄，在拍摄前，首先要做好以下三项准备。

3.2.1　准备一：储备拍摄入门知识

有些人想象力丰富，脑海里拥有很多新奇的点子，可要把这些点子通过短视频表现出来，他们就开始挠头。事实上，拍摄视频并不难，只要先掌握了以下几点拍摄入门知识，摄影小白也能摸清拍摄短视频的规律。

（1）镜头视角

拍摄短视频就像写文章一样，也有第一人称视角和第三人称视角之分。这两种视角的应用都很频繁，使用起来，各有所长。

第一人称视角能给观众强烈的代入感，让观众有一种置身其中，站在拍摄者身边的感觉。使用第一人称视角，具有无可比拟的互动性和真实感。第三人称视角是以旁观者的角度观察事物，能够总览全局，使视频逻辑更加清晰。

（2）分辨率

我们在购买手机或相机时，常常会听到导购员告诉我们手机或是相机的“像素”有多高，但我们对“像素”的概念往往是模糊不清的。实际上，“像素”是分辨率的单位，分辨率是指显示器或图像的精细程度。简单来说，分辨率的高低，决定着画面的清晰程度，分辨率越高，画面就会越清晰；反之，则越模糊。

例如，抖音的视频尺寸一般为宽高9:16的比例，分辨率为540×960。也就是说，这个视频在水平方向上有540个像素点，在垂直方向上有960个像素点。

在拍摄短视频时，我们要注意调整画面的清晰度，选择合适的分辨率拍摄视频。

（3）光圈与景深

光圈是一个用来控制光线透过镜头，进入机身内感光面的光量的装置，它通常是在镜头内。表达光圈大小我们常用F值，F值越大，光圈越小；F值越小，光圈越大。

景深是指在摄影机镜头或其他成像器前沿能够取得清晰图像的成像所测定的被摄物体前后距离范围。而光圈、镜头及拍摄物的距离是影响景深的重要因素。在对焦完成后，焦点前后的范围内所呈现的清晰图像，这一前一后的距离范围，便叫作景深。

通常情况下，光圈值越大，景深越小；光圈值越小，景深越大。如果距拍摄物较远时，我们就需要缩小光圈，增加景深。

除此之外，还有许多拍摄小知识，在拍摄前，我们可以查阅相关的资料，进行一个基础性的了解，便于我们拍摄工作的开展。

3.2.2 准备二：备齐拍摄常用设备

一个优秀的厨子一定要有一把好刀，同样地，一个精彩的短视频也一定要有合适的拍摄设备。应该说，短视频想要完美地呈现创意、展示内容和画面，拍摄设备必不可少。

具体来说，根据设备的不同功能，以及在拍摄过程中运用的频率，拍摄设备又可以分为主要设备和辅助设备。

（1）主要设备

我们拍摄短视频的时候，能够用到的拍摄设备很多，比如手机、单反、摄像机、无人机等，每一种设备拍摄出来的效果也不同。通常情况下，我们都会根据自己的情况来选择设备。

为了让大家更好地根据自己的实际情况做出最佳选择，下面为大家具体介绍一下常用的拍摄设备以及每种设备的优缺点以及适用范围（见表3-3）。

表 3-3 各种拍摄设备的优缺点

拍摄工具	优点	缺点	适用范围
手机	1. 机身轻便、便于携带 2. 操作简单、上手容易 3. 分享方便、功能强大	专业性不强 拍摄精度不够 内存有局限	相对狭小的空间和动作幅度稍大的跟拍
单反	机身相对较轻 价格比摄像机和无人机更便宜 画质等方面比手机更专业	取景能力严重受到价格影响	任何情况下都适用
摄像机	比手机和单反更为专业 画面效果更完美	体积太大，不易携带	相对固定的场景 专业要求度高
航拍无人机	小巧轻便、视角更广 大比例尺、画面丰富 广视角、智能化	续航能力差 拍摄精度不够 受天气影响大	全景俯拍 大范围的取景

（2）辅助设备

除了上面提到的主要拍摄设备外，有时候，还需要选择辅助设备来帮助我们更好地完成拍摄。

在实际拍摄过程中，使用最频繁的辅助设备主要有麦克风、轨道车、稳定器、补光灯等。这些设备能够让我们的视频效果更佳（见图3–5）。

麦克风 使用麦克风主要是为了收音，提高视频音质。当我们使用的设备没有录音功能，或者人物与设备距离太远，拍摄环境太嘈杂导致收音效果太弱时，就需要用到麦克风。

轨道车 当我们在拍摄过程中需要移动摄像机时，为了稳定画面，制造画面效果，通常就会选用轨道车。

稳定器 当选择手机作为拍摄设备时，稳定器相当于给我们的手机安装了一个起到支撑作用的工具，使手机始终保持平稳状态。

补光灯 光在拍摄中是一个十分重要的元素。通常情况下，当拍摄环境光源不足的时候，就需要用到补光灯。除此之外，打光还可以重塑人物的面部结构，刻画拍摄画面的内容，并将人物与背景很好地区分开来。

图3–5　常用的拍摄辅助设备

3.2.3　准备三：布置特定拍摄场景

在拍摄短视频之前，还需要布置特定的拍摄场景。有的短视频运营团队有专门的摄影棚。这种专业的拍摄环境效果极佳，但造价昂贵，并不是一般的短视频运营者能够支付得起的。所以对于刚刚迈入短视频行业的我们来说，就算不使用摄影棚，自己布置好拍摄场景，也是无可厚非的。

（1）找准场地

当我们的短视频剧本拟定之后，我们就要去寻找合适的拍摄场地。拍摄场地一定要贴合拍摄主题，才能给观众一种身临其境的感觉。例如，当我们的拍摄主题为温馨的家庭环境时，我们可以就在家中进行拍摄，还原日常生活中最真实的状态，这样更容易引起观众的共鸣。

（2）做好陪衬

一个好的视频中不光有主体的存在，那些突出主体的陪衬也非常重要。陪衬不仅能够恰到好处地烘托主体，还能使画面更加丰富，使视频更有层次感。

需要注意的是，在我们选择陪衬时，切记不能“喧宾夺主”。陪衬在画面中的比例不能大于主体，并且还要合理配置主体与陪衬的色彩搭配以及位置关系。

（3）抓住拍摄时机

同一个主体在不同的时间拍摄，所呈现出的画面效果是不同的。时间的选择非常重要，比如春花夏荷、秋月冬雪、日出日落等，都是需要我们在特定的时间里去拍摄的，因为，如果一旦错过，那么在短时间内就不能拍到想要的画面了。

（4）避免不必要的声音干扰

在拍摄短视频的过程中，如果周围的声音过于嘈杂，常常有画外音出现，会大大加重我们后期剪辑的负担，因此，在拍摄时就应该注意，尽量避免不必要的声音干扰。

有时我们的呼吸声音过大，也会被录进视频中，影响视频质量，此时我们要尽量稳定自己的情绪，将呼吸放缓。

总而言之，我们想要拍摄出爆款短视频绝非易事，只有用对了方式方法，掌握了技巧，我们才能成功。

3.3　一分钟拍出高大上的短视频

很多时候，我们不是不会拍摄视频，而是我们拍摄出来的视频平淡无奇、毫无亮点。在短视频运营中，如何让自己的视频看起来与众不同，显得非常“高大上”，需要我们掌握独特的构图方式和拍摄技巧。

3.3.1　九种构图方式，让你的视频与众不同

相信大家都有过这样的体会，当我们在拍摄照片时，如果对画面中的主体进行了恰当的摆放，那么，我们所拍摄出的画面就能更好地突出美感、更具有视觉冲击力。而这个对主体位置进行调整的过程，就是构图。

在这一点上，拍摄短视频和拍摄照片是相通的。一个完美短视频的呈现，必然离不开成功的构图。换言之，在拍摄短视频作品的过程中，我们只有遵循了构图原则、掌握了构图方法，才能让拍摄的视频凸显重点、层次分明、富有美感。

下面，我将为大家总结归纳出九种常见的构图方式，希望能够帮助大家拍摄出富有艺术感的抖音视频。

（1）中心构图——突出重点，明确主体

中心构图是将视频拍摄对象放在相机或手机画面的中心进行拍摄的一种方法，主要具有两大优势：一是能更好地突出主题，让人一眼就能看出视频的重点，更好地传递信息；二是构图简练，容易让画面达到左右平衡的效果。

（2）景深构图——主体醒目、操作简便

景深构图是指拍摄对象从前到后一段距离内所有的场景都是清晰的，其他地方则是模糊效果的一种拍摄方法，其中，焦点清晰的这段场景的距离叫作景深。

景深构图往往是利用光圈来实现的，由于如今我们经常会使用到的视频拍摄设备基本都可以自由地调整光圈大小，所以这种拍摄方式使用起来十分简单方便，并且能形成很好的效果对比（见图3-6）。

图 3-6　景深构图

（3）前景构图——丰富画面、层次分明

所谓的前景构图就是指在视频拍摄主体前面有选择性地放置一些

事物，即在拍摄抖音视频时利用拍摄主体与镜头之间的景物进行构图的一种视频拍摄方式。这种构图方式可以增加视频画面的层次感，在很好地展现拍摄对象的同时丰富画面。

前景构图又可分为两种：一种是将拍摄对象作为前景来进行拍摄；另一种是将除拍摄对象以外的事物作为前景进行拍摄（见图 3–7）。

图 3–7　前景构图

（4）三分线构图——平衡协调，增强美感

三分线构图是将视频画面按照横向或纵向分为三部分，在拍摄时将对象放在三分线的某一位置上进行构图取景的一种方法。其最大的优势是在突出主体的同时可以让画面更美观（见图3–8）。

这种方法学起来比较简单，通常又可以细分为上、下、左、右、横向、竖向和综合三分线构图7种构图方法。

图 3-8　三分线构图

(5) 透视构图——立体感强、延伸成点

透视构图是指视频中的某一条线或者某几条线由近及远延伸成点的一种立体感很强的拍摄方法（见图3-9）。

图 3-9　透视构图

这种拍摄方式一般又可以分为两类：一类是单边透视方法，即拍摄视频时画面中只有一边带有由近及远形成延伸感的线条；另一类是双边透视方法，即拍摄视频时画面两边都带有由近及远形成延伸感的线条。

(6) 黄金分割构图——观感舒适、独具美感

黄金分割构图是根据古希腊数学家毕达哥拉斯发现的黄金分割定律而来的，它是指一条线上较长部分与全长的比值等于较短部分与较长部分的比值，且这个比值约等于0.618，其公式为：较长部分/全长=较短部分/较长部分=0.618（见图3-10）。

图 3-10　黄金分割构图

黄金比例又被誉为世界上最完美的比例，通过黄金比例来构图，可以让拍摄出来的视频观感舒适，独具美感。

通常，在拍摄抖音短视频时，我们可以通过对角线与它的某条垂直线的交点作为黄金分割点来构图，也可以以每个正方形的边长为半径所延伸出来的一条具有黄金比例的螺旋线作为黄金分割来构图。

（7）九宫格构图——画面均衡、自然生动

九宫格构图又被称为井字形构图，它是黄金分割构图的简化版，利用这种方法拍摄出来的视频具有画面均衡，自然生动的优势（见图3-11）。

图 3-11　九宫格构图

在利用九宫格构图方式进行拍摄时，我们可以把画面的四个边分为三等份，形成“井”字，即九宫格形状，最中间的交叉点我们称之为趣味中心，是放视频拍摄对象的地方。

（8）圆形构图——规整唯美、不拘一格

圆形构图是指在拍摄抖音视频时利用手机视频画面中出现的圆形来进行构图的一种拍摄方法，这种构图方式又可分为正圆形构图和椭圆形构图两种形式。通常，这两种圆形构图都能增强画面的整体感，打造旋转的视觉效果，让呈现出来的对象更具美感（见图3-12）。

其中，利用正圆形构图拍摄出来的画面能给人一种很规整的美感，而利用椭圆形构图拍摄出来的画面则会给人一种不拘一格的视觉感受。

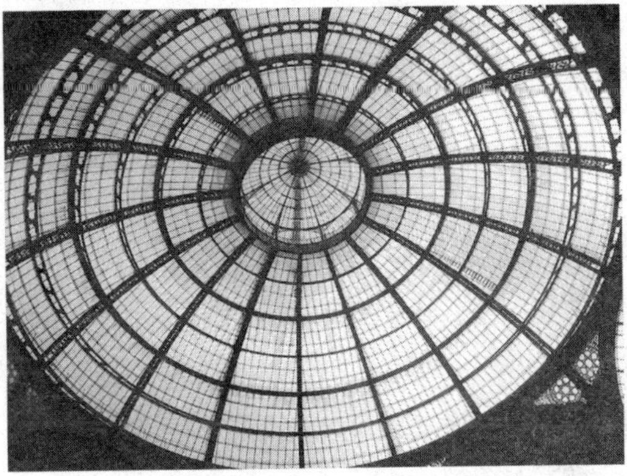

图 3-12　圆形构图

(9) 仰拍构图——角度多变、各具美感

仰拍构图是以仰视角度进行拍摄的一种短视频拍摄方法。这种方法也是我们最经常使用的抖音拍摄方法之一。比如，许多的抖音运营者在利用手机进行自拍的时候都会选择这种拍摄方法（见图3-13）。

图 3-13　仰拍构图

通常，仰拍构图又可以分为30°、45°、60°、90°等不同角度的构图方式，而不同角度的仰拍构图所拍摄出来的视频效果也存在细微差别，各有各的美。

3.3.2 四种加分技巧，让你的视频“脱胎换骨”

短视频的拍摄不同于电影，它的门槛相对较低，制作成本也不大，但玩法却多种多样。现在介绍四种拍摄技巧，让我们的短视频创作更加顺利，内容更加优质。

（1）画面快慢：突出重点和意境

短视频由于时长较短，因此对于细节的把控很重要，想要突出某个亮点，就要在画面的快慢上下功夫。

我们常在综艺节目上看到快放或慢放，做这样的画面调整，往往是为了营造某种搞笑氛围。而纪录片里的快镜头通常是为了表达时间的流逝，影视剧中的慢镜头一般是为了向观众展示唯美的画面。

不难看出，画面的快慢将为视频内容增添不一样的色彩，短视频也是如此。比如我们想要表达一个人说了很多话，可以将画面和声音同步提速，营造出让人感到十分“聒噪”的氛围。如果我们想展示一滴水下落并融入水中的过程，则可以使用慢镜头，延长水滴的运动过程，让它变化的每一步都肉眼可见，这样就达到了放大细节的效果。

总而言之，画面的快慢要根据短视频要表达的内容和想要展示的风格做调整，合适的播放速度将为短视频注入不一样的灵魂。

（2）分段拍摄：静态与动态转场

分段拍摄也就是将视频内容分成几段分别拍摄，这样有利于画面切割和转换，也使我们拍摄起来更加简便。我们可以把不同的素材拼在一起，形成一个完整的短视频，前后画面的巨大反差，将给观众带来强烈的视觉冲击，如果转场效果做得好，会让短视频看起来更加酷炫。

在不同画面之间我们需要做一个转场效果，让整个视频看起来更加连贯，一般分为动态转场和静态转场。接下来为大家详细描述，如何使用“静态转场”和“动态转场”设计一个承上启下的转场画面。

“静态转场”是参照物不变，只有画面中的“主体物”发生变化。比如我们常见的“换装”视频，周围的环境不做任何改变，只有主角的造型前后不一样。通过拍摄换装前和换装后的画面，将两个素材直接贴在一起，就达到了“一秒换装”的效果。

“动态转场”是通过一个连贯的动作进行转场。它与“静态转场”相比要复杂一些，大致分为三种情况（见图3-14）。

摄像机不动 主体物动作保持连贯	主体物不动 摄像机拍摄方向保持连贯	摄像机和主体物都动 前后保持连贯
例： 你在前一个画面中用手盖住摄像头，后一个画面将手从摄像头上收回。 只要保持这个动作连贯，可以更改背景、人物、造型等。	例： 前一个画面用摄像头从上往下拍，后一个画面移动摄像头从下往上拍。 这样看起来整个画面像是绕了一圈。	例： 在前一个画面中抬脚，摄像机与你一同向前走。在后一个不同场景中落地，摄像机依旧和你同步。 这样看起来使每个动作都转换了不同场景。

图 3-14　动态转场三种拍摄手法

(3)活用道具：平台道具，其乐无穷

短视频与普通的影视剧、纪录片不同，它具有更强的趣味性，简单来说就是更接地气。为了让拍摄内容更加丰富多样，几乎所有短视频App都设计了自己独特的道具。

通常在不同时间段会流行不同的热门道具，平台为了保持热度，也会持续更新有意思的道具供创作者使用。一般短视频平台常见的道具大致分为四种（见图3-15）。

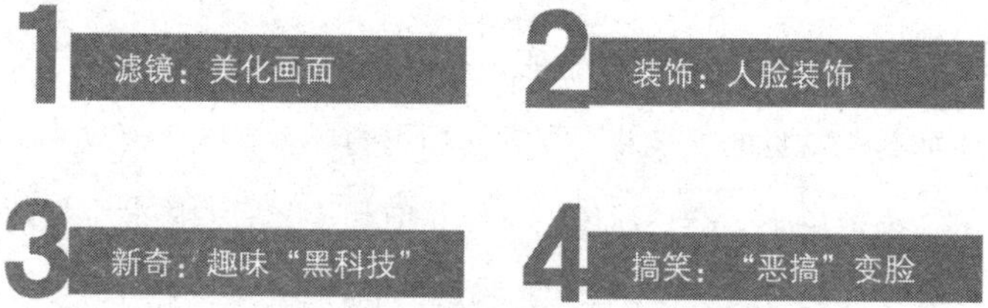

图 3-15　短视频平台常见的四种道具

我们可以根据自身拍摄的内容选择合适的道具，例如很多女性会使用的一个道具“控雨”，这是一个属于“新奇”分类的道具，使用时只要随意变换动作，屏幕画面中的“雨”就会跟随你的动作而移动，达到“控雨”的效果，满足了很多女孩子的少女梦。

再比如我们常见的“恶搞”道具，使用后会让自己的脸瞬间变成“猪八戒”“如花”等，这样的画面常常使人捧腹大笑，因此颇受许多用户的喜爱。除此之外，还有许多有趣的道具可供我们选择。

通过这些富有创意的道具，我们可以使短视频内容更加丰富，巧妙地使用这些道具，会有意想不到的效果。

（4）玩转光线：画面清晰，提升品质

在熟练运用以上拍摄技巧后，我们可以尝试进阶更高的拍摄手法。通过利用“光线”，来打造一个不输电影画面的高品质短视频。那么该如何“玩转光线”呢？

① 学会“打光”

虽然现在大部分的短视频，都是用户随手拍摄的，但优质的短视频创作者，一定对自己的视频画面有很高要求，那么“打光”就是重要的一个环节。

短视频拍摄用得最多的就是“环形光”，它将柔和的光线散射到主体物身上，即使背景一片漆黑，主体物也会非常清晰，尤其是在人像拍摄时，“环形光”尤为重要。另外它还能为微距拍摄补光，例如美食、产品细节等。一般我们可以购买LED环形灯，满足日常拍摄需要。

需要注意的是：“环形光”的光环越大，光线越分散。因此在使用环形灯时，要根据拍摄对象和背景之间的距离来调解环形灯的远近，找到最合适的光线环境。

② 逆光拍摄

“逆光”是光线从被摄体的后面照射过来。一般情况下，普通的拍摄会尽量避免这种方式。因为逆光会使主体物看不清细节，只有轮廓。但逆光拍摄也有很独特的优点，它能非常鲜明的勾勒出主体物的轮廓。

如果是拍摄人物，那么人体的整个线条将清晰地展现出来，透露出一种“神秘感”；在拍摄景物时，逆光拍摄也能增加主体物的“透视感”，例如拍摄烟雾时，使用逆光效果，会让画面显得更加具有

美感。

③ 顶光拍摄

“顶光”，是来自拍摄对象顶部的光线，这束光线与景物、照相机形成90度左右的夹角。通常情况下，利用这种光线拍摄，再配合其他光线一起成像，会出现一些奇特的、意想不到的效果，但为了避免拍摄出的画面过于怪异，我们需要避免单独使用顶光。

短视频拍摄的四大技巧，它们各自有着不同的特点。短视频创作者根据自己视频内容的需求选择合适的拍摄手法，会使自己的短视频效果更上一层楼。

3.4　短视频剪辑疑难解析

正所谓“没有浑然天成的拍摄，只有用心良苦的剪辑”，短视频剪辑的目的就是为了能给观看用户带来更美的感受。进行短视频剪辑时，常会遇到三大问题，下面为大家总结出了相应的解决方法。

3.4.1　背景音乐有杂音——利用混音调节

背景音乐有杂音是我们在拍摄短视频时经常会遇到的问题，这时候，我们就需要借助后期剪辑的力量来弱化杂音，具体来说，就是利用混音来调节。

通常，在调节的过程中要遵守两大原则。

（1）能减就尽量减

大多数人拍摄短视频时都是随手拍的，不会特意寻找安静的环境，再加上视频拍摄设备自带的麦克风所采集到的原声音质本身就不高，一味增大音量只会让声音变得更嘈杂，也会造成我们听觉上的不适。

因此，在进行声音调节的过程中，必须遵循的原则之一就是只要不影响听觉效果，能减就尽量减。

（2）能有就不要少

虽然前文提到短视频背景音量能减就尽量减，但并不意味着要完全不用背景音乐。这里涉及调节短视频背景音的第二个原则——能有就不要少。

比如许多教学短视频为了保证用户能够听到更清晰准确的原声，常常会不添加任何背景音乐，这种粗糙的做法并不可取。

如果我们选择加入一些轻柔舒缓的背景音乐，不仅可以有效地遮盖噪音，还可以带给用户更美的听觉享受。

3.4.2 拍摄效果不佳——切换其他滤镜

滤镜对于短视频的重要性是不言而喻的，后期制作时添加合适的滤镜可以让视频的色彩变得更加丰富多样。

归纳起来，在进行短视频的后期剪辑时，最常用到的滤镜主要有以下三种（见图3-16）。

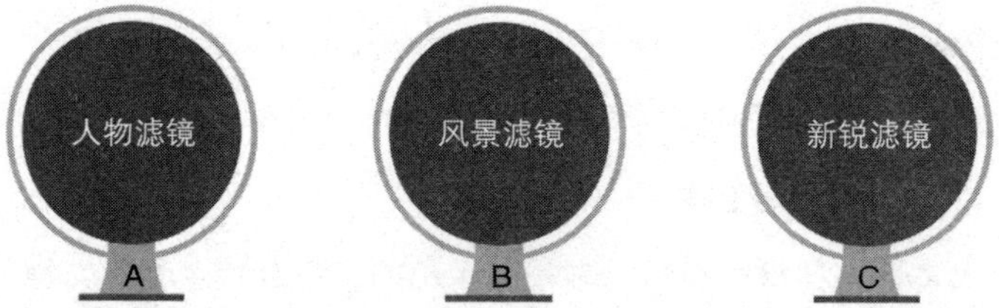

图 3-16　常用的三种滤镜

（1）人像滤镜：注重对色温的调节

如果拍摄环境光线不充足，且无法使用闪光灯进行补光时，会使物脸部显得灰暗而没有精气神，在后期剪辑时通过对色温的调节来提高人物面部的白皙度、红润度和饱满度。

但要注意的是，不同的肤质和不同的拍摄环境所需要选择的滤镜也不同。当光线十分充足的时候，选择“冷系”滤镜会达到一个较好的效果；而当光线较暗时，则选择“暖系”滤镜效果更佳。

（2）风景滤镜——注重对平衡的调节

风景拍摄一般都是在户外进行的，所以经常由于光线的原因产生色差，导致景物出现失真。而此时，我们可以利用风景滤镜进行调节，使画面重新达到真实、鲜艳的效果。

（3）新锐滤镜——注重对对比度的调节

新锐滤镜又称个性滤镜，通过强烈的对比度和反差色，产生强烈的冲击效果。

但这里不建议大家经常使用这种滤镜，这种强烈的画面会使人产生审美疲劳和不适，更适合拍照。

3.4.3　提高颜值——美颜效果的利用

在剪辑短视频的过程中，美颜工具刚好满足了人们对美的追求。归纳起来，核心的美颜功能主要有磨皮、瘦脸、大眼三类。

（1）磨皮

磨皮是精确的白平衡、色温调节，可以增强镜头中人物面部的光线效果，使皮肤看起来更加白皙，同时将面部的一些瑕疵，如疙瘩、色斑、痘印等遮盖掉。

大多数短视频拍摄App自带磨皮效果，假如我们对系统自带的磨皮默认指数是很不满意，也可以适当地进行调节，但要注意保证指数不能超过70，否则会使得皮肤过于红润而显得失真。

（2）瘦脸

瘦脸效果最为明显的是下巴和脸颊的收束，利用瘦脸工具会使得人脸显得更尖更细。

这里建议大家将瘦脸指数设置成60，这一指数能保证人脸部的收束弧度显得最为自然。

（3）大眼

不同于瘦脸的效果是通过“收”来体现的，大眼的效果主要是通过“放”来体现的。

大眼效果的主要作用是将额头以及眼部四周的弧度拉宽、放大，使得整个人的眼睛看起来更大。很多短视频App默认的大眼指数为60，在这个指数下大眼的效果其实不是很明显，大家可以根据自己的实际需要去设置大眼指数。

需要注意的是，如果在使用大眼指数的同时还利用了瘦脸效果，那么，我们就应该将大眼的指数适当调低，这样才能使得人物面部看起来更加协调。

3.5　短视频后期制作实用软件

在剪辑和包装短视频时，用好专业性较强的视频剪辑软件，能够使我们的短视频制作更上一层楼。剪辑短视频可以使用移动端剪辑软件和电脑端剪辑软件，这些剪辑软件各有千秋，我们可按需选择。

3.5.1　实用的移动端剪辑软件

由于目前众多短视频只要利用手机即可完成拍摄，所以接着使用手机上的剪辑软件对这些短视频进行剪辑便成了一件水到渠成的事情。那么接下来，我将为大家推荐几款实用的短视频后期App。有了这些App的支持，即便你选择最简单的拍摄工具手机，也一样能做出具有专业水准的优质短视频（见表3-4）。

表 3-4　实用的移动端剪辑软件

App	主要功能	优　势
小影	视频拍摄、视频剪辑、视频特效、保存草稿	操作简单，分享方便；拍摄风格多样、特效强大；随走随拍，不受时间限制

续表

App	主要功能	优 势
乐秀	视频拍摄、视频剪辑、主题素材、草稿保存、音乐相册、新手指南、更多专享、编辑工具	界面干净、操作简单；系统专业、能实现图片和视频的结合；素材众多、方便分享
FilmoraGo	帮助提示、视频编辑、素材购买、查看视频	简单、免费、无广告；视频时长不受限制；海量主题可供选择
巧影	视频编辑、软件设置、素材商店	具有视动态贴纸、各色视频主题和强大过滤效果；设计贴心、人性化
KineMix	视频拍摄、菜单栏、视频导入	界面干净文艺；操作简单；有针对性，主要用于声音方面的剪辑

以上介绍的五种简单实用的短视频后期App，相对来说，更适用于手机拍摄出来的短视频。

3.5.2　实用的 PC 端剪辑软件

手机短视频剪辑软件虽然能够满足我们剪辑短视频时的部分要求，但要想打造出更加专业、更具吸引力的短视频，专业的PC端剪辑软件是我们最好的选择。尤其是我们使用摄像机或是无人机拍摄的视频，通常都需要用更为专业的剪辑软件来进行后期制作（见表3-5）。

表 3-5　实用的 PC 端剪辑软件

软件	主要功能	优 势
快剪辑	视频剪辑、视频录制、一键分享	软件提供了大量声音、字母、画面特效，素材丰富；无强制片头片尾，无广告；工作界面简洁大方，操作简便

续表

软件	主要功能	优 势
会声会影	可以利用截取、编辑、特效、覆叠、标题、音频与输出等七大功能，把影片、图片、声音等素材结合成视频文件	适合普通大众使用，操作简单易懂；界面简洁明快；能够成批转换功能；捕获格式完整
Premiere	非线性视频编辑，提供了采集、剪辑、调色、美化音频、字幕添加、输出、DVD 刻录的一整套流程	专业性强，操作简便，可以对声音、图像、动画、视频、文件等多种素材进行处理和加工，从而得到令人满意的影视文件
爱剪辑	视频剪辑	符合大众的使用习惯和审美特点；操作简便，新手也能迅速入门；特效丰富，风格多样；能一键去水印
GifCam	视频录制、视频剪辑、GIF 动画制作	功能多样，制作简单；独特的 GIF 动画制作

值得一提的是，除了这些专业的视频剪辑软件之外，如果我们想打造一个更吸引人眼球的短视频封面，可以使用Photoshop来制作。

具体来说，选择哪种工具最为恰当并没有盖棺定论的结论，而应该根据自己的实际情况去决定。

总而言之，要想创作出高质量、高流量的短视频作品，就要掌握一定的后期处理技巧，只有经过精挑细作的作品，才更有可能成为精品。

第4章

内容公式：

如何将创意落地，让内容成为带货利器

无论什么时代，“内容为王”对传播者来说都是永恒的箴言。用户始终对短视频内容保持着高度期待，所以以高质量内容为核心、以别出心裁的创意为依托的短视频，是短视频运营者赢得用户青睐的法宝。

内容公式：如何将创意落地，让内容成为带货利器

- ①短视频内容选定两核心：类型 + 表现形式
  - 确定类型
  - 选择表现形式
- ②短视频内容的万能公式：情 + 趣 + 用 + 品
  - 情—让用户产生情感触动
  - 趣—让用户感到快乐
  - 用—有用才是硬道理
  - 品—品质带来影响力
- ③打造爆款内容的 5 个实用方法
  - 借鉴法
  - 代入法
  - 扩展法
  - 四维还原法
  - 嵌套法
- ④短视频优质热门内容的 10 个要素
  - 引起共鸣
  - 引起好奇
  - 利益相关
  - 引发思考
  - 引发欲望
  - 探索求知
  - 满足幻想
  - 感官刺激
  - 获取价值
  - 强烈冲突

4.1　短视频内容选定的两个核心：类型 + 表现形式

短视频内容选定，有其特定的两大核心，即类型和表现形式。这两者是所有短视频内容的基调，尤其是在如今短视频发展越来越垂直化的驱使下，确定好我们所运营的短视频内容的类型和表现形式，是吸引目标粉丝群体的必要前提。

4.1.1　核心一：确定类型

由于大多数短视频平台都遵循着这样一个推送原则，就是根据作品的类型把作品推送给相应的用户。因此，想要让我们的短视频精准地传达到用户手中，我们首先就要确定想要制作的短视频类型。

在浏览了大量短视频之后，我归纳出了短视频常见的九大类型（见表4-1）。

表 4-1　短视频的九大类型

类型	定义	细分类别	特点
商品导购类	为用户进行商品推荐，这种推荐不是赤裸裸地推销，而是通过巧妙的形式进行的，比如教人化妆、教人穿搭等	美妆穿搭 商品推荐 购物评测等	1. 针对性强 2. 容易获得粉丝，实现变现
知识传播类	向观众传播专业知识、传授专业技巧	软件教程 园艺种植 学科知识等	1. 用户需求量大 2. 专业度高 3. 变现形式单一
娱乐搞笑类	用“搞笑”吸引用户，让用户在观看短视频时获得愉悦的感受	互相恶搞 娱乐表演 逗趣段子等	1. 个性化十足，容易形成独特的风格 2. 拍摄成本较高
才艺表演类	通过打造个性网红，用唱跳、绘画、乐器等才艺形式获得粉丝	歌舞表演 乐器演奏 绘画书法等	1. 具有个性化，容易形成独特的风格 2. 对才艺展示者要求较高
记录生活类	多为记录每日餐食、萌宠日常、萌娃日常或旅行日记的形式	Vlog 拍摄 萌娃萌宠 家庭喜剧 工作记录等	1. 更贴合生活接地气，容易获得粉丝，变现方式多 2. 耗时长，成本高
科技科普类	通常会与厂商合作，主要测评电子产品、前沿科技、软件等或者向大家科普一些相关的知识	电子数码产品 前沿科技资讯 软件介绍等	1. 粉丝群体相对固定 2. 较为专业
官方账号类	政府类账号一般发布国家政策，法律法规；企业类账号一般进行品牌营销；报社类账号一般发布新闻消息	政府账号 企业账号 报社等事业单位账号等	1. 专业并且权威 2. 宣传效果好
电竞游戏类	通过游戏直播、解说、互动等方式吸引电竞游戏粉丝	游戏录像 游戏电影 游戏互动 游戏直播解说等	1. 创作成本低 2. 粉丝群体大
二次创作类	对已有的作品进行再创作，比如影评书评、影视剧二次剪辑等	影评书评 短视频合拍 影视剧二次剪辑等	1. 小众，容易形成自己的风格 2. 创意点冷门独特

通过对常见短视频类型的分析对比，我们可以根据自身的优势、兴趣来选定自己想要制作的短视频类型。但是先别着急，要想制作出优质的短视频内容，确定好类型仅仅只是第一步。

4.1.2　核心二：选择表现形式

除了确定类型之外，我们还需要选择短视频的表现形式。合适的表现形式，有可能会让本不出众的短视频内容变得出彩。

短视频内容的表现形式大致可划分为以下五大类（见图4-1）。

图 4-1　短视频内容的五种表现形式

（1）图文形式

图文形式简单理解就是“图片+文字”的形式，这类短视频的内容多是从其他平台上搬运过来的。

通常情况下，这类短视频中没有人物出现，只有图片和表达特定内容的文字。（特殊情况下会出现相关人物，但主体依旧是文字。）

这种清晰又明确的形式比较适合前面提到的九大类型中商品导购类、科技科普类以及知识传播类短视频，但是这种形式的变现能力比较差，很难在视频中植入广告。

（2）脱口秀形式

脱口秀其实就是以交谈作为节目的内容与形式，而交谈是人与人之间交流时最基本、最常见也最直接的手段。所以这一类形式就更适合才艺表演和娱乐搞笑等类型的短视频。

脱口秀形式是变现能力最强的一种形式。因此想要运用好这种形式，我们要做的最重要的事情，就是把“人设”确立清晰，提前构思脱口秀文案，并且要为大家提供有价值的内容，这样才能吸引粉丝，实现变现。

（3）情景剧形式

情景剧形式简单来说就是通过表演，展现出我们想要表达的核心内容。运用这种形式的时候，我们不能简单地去讲内容，而是需要通过演员的演绎，把观众代入剧情之中，调动起他们的情绪，从而达到让观众理解核心内容的目的。

情景短剧是时下非常火热的短视频表现形式，恋爱型的、搞笑型的或是励志型的短视频内容，都很受用户的欢迎。

（4）模仿形式

这里的“模仿”是指通过对热门作品的二次创作将我们的想法表现出来，并不意味着别人创作什么样的作品，我们就要创作什么样的作品。如果我们不能打造出属于自己的标志性内容，那么后期将很难实现变现，就算变现了，也无法长期维持。所以，在运用这种形式时，我们一定要有自己的特色。

（5）技术流形式

这种形式一般有两个特点，即特别稀缺和高度专业。一般是通过生活中很少见到的工艺或技术，比如非物质文化遗产传承等，来找到新的突破口吸引粉丝，实现变现。这种形式非常容易形成自己别具一格的特色，并且很难被别人模仿，但是对创作者的专业要求比较高，所以在选择时，要评判自己是否具备相应的能力。

【案例分享】

抖音上非常火爆的短视频运营者“黑脸 V”，他在视频中从不出镜，但他很喜欢在视频中运用各种视觉特效，比如用筷子夹汽车、把足球变成狗、瞬间移动等，这些看上去科技感十足的短视频，让粉丝们看得十分过瘾。

简单来说，在选择短视频的表现形式时，我们应该选择与短视频类型相匹配的形式，以达到内容与形式的高度统一。

4.2 短视频内容的万能公式：情 + 趣 + 用 + 品

短视频内容作为一种更直观、更真实的内容形式，在感染力方面明显比文字表达更胜一筹。纵观各大短视频平台上的头部账号，尤其是那些动辄几百万点赞量的短视频运营者，他们的短视频创作之所以能够吸引人，是因为他们套用了短视频内容的万能公式（见图4-2）。

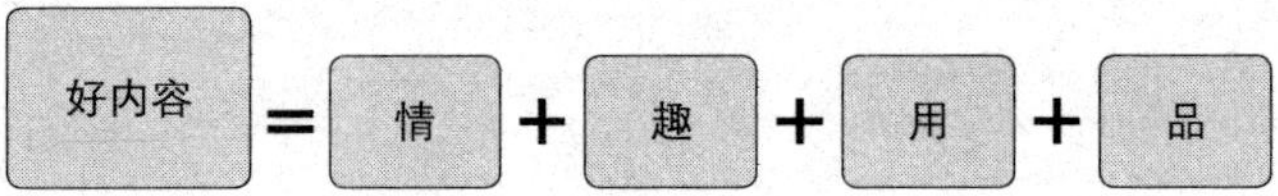

图 4-2　短视频内容的万能公式

4.2.1 情——让用户产生情感触动

人们的悲欢各不相同，但人们总能从其他人的故事中想到自己的经历，不自觉地将自己代入进去，这也正是情感类电影、电台和文学作品经久不衰的重要原因。

在短视频运营中，常见的情感主题就是亲情、爱情和友情。这些情感是人们的基本情感组成部分，任何人都不可能脱离这些情感生活，而这些感情，也很容易唤起人们的回忆，想起自己的故事。

【案例分享】

抖音上的老年“网红”——“蔡昀恩”，是一个孙女记录奶奶日常生活的短视频账号。在她的视频中，奶奶是一个爱吃火锅、甜食和烤鸭的“吃货”，常常会因为贪吃，发生许多令人哭笑不得的事情。这样的短视频内容，虽然平淡，却透露出孙女与奶奶之间浓浓的爱，让看到视频的其他人，都不自觉地想到自己家中的长辈，想到自己年事已高的祖父祖母，不由得就会被吸引。

另外，如果我们想不落俗套地表达其他感情，那些饱含爱国之情的正能量视频，充满奋斗精神的创业视频，传达人与人之间互相关爱的视频，也能够触动人们的情感神经，让人们感到动容。

【案例分享】

因为一则短视频在网络上爆火的“最美医生”朱灏宇，监控器拍到她在看到一位小区保安突然倒地抽搐不止后，立刻飞奔过去，跪在地上对保安进行急救的画面。这则短视频虽然不是人为创作的，但却向我们传达出一个重要信息：充满正能量的视频往往更容易受到大家的喜爱。

所以当用户刷到我们的短视频时，如果我们的短视频内容恰好传达出能令他们触动的情感信息，那么他们就很容易为我们点赞，被我们吸引。

值得注意的是，刻意制造的情感往往不会令人感动，还很有可能招致用户的反感，只有发自内心的、真挚的情感，才是最动人的。

4.2.2 趣——让用户感到快乐

在生活中，风趣幽默的人往往比较受欢迎，在短视频账号运营上，有趣的内容就好比有趣的人，同样是受欢迎的。这是因为人们往往面临着诸多压力，需要看一些轻松、愉快的视频放松一下心情。

常见的有趣的短视频内容包括恶作剧、抖包袱、讲段子、模仿秀，等等。这些看似荒诞的表演，往往能带给人一种冲击和反差，让人有一种意想不到和恍然大悟的感觉，然后在这些喜剧中获取快乐。

有趣的短视频内容之所以更加火爆，是因为很多用户除了观看这类视频之外，他们还热衷于将这些视频分享给自己的亲朋好友。这种不断扩散的传播方式，能让我们的短视频快速获取更多流量。

【案例分享】

人气短视频运营者“多余和毛毛姐”，就是靠着有趣的短视频内容火遍了大江南北。在他的短视频中，他操着一口诙谐的贵州“塑料”普通话，顶着一头夸张的橘红色假发，一人分饰两角，演绎着各种经典段子。如“后宫争宠记”“驾校学车记”“情侣分手记”等。这些视频往往令人捧腹大笑，极大地提高了“毛毛姐”的知名度。

创作短视频内容时，可以从搞笑的角度出发，运用各种创意技巧和方法对一些经典桥段进行“二次加工”，也可以对生活中一些常见的场景和片段进行“恶搞式”拍摄，挖掘出更多与众不同的，让人觉得有趣的短视频内容。

4.2.3　用——有用才是硬道理

人们在观看短视频的过程中，除了希望寻求放松之外，还希望利用碎片化的时间，学到一些有用的知识，这些知识，我们常常称之为“干货”。

干货类短视频的内容具有两种特征，即知识性和实用性。这类具有实用性的干货短视频，无论短视频未来的走向如何，永远不会被淘汰，因为人们总是充满了求知欲，对于免费的、快速获取到信息具有狂热的痴迷性。

常见的干货类短视频有：健身减肥操类、美食教学类、学科教学类、手工制作教程类、汽车解析类、科技产品介绍类、历史科普类等。还有一些非常专业，具有极高针对性的干货类短视频账号，例如“考研刘晓燕老师”“老杨考公务员”“快学英语Emily”等。

相对于不具有知识性的短视频来说，干货类短视频的传播渠道更为宽广，更容易在一些专业平台上传播，但受众面较窄，只适用于对这方面知识有需求的用户。

【案例分享】

上文中提到的“快学英语 Emily”，就是将英语学习融于情景短剧中，寓教于乐，让人们既感到新奇，又能学到相关的英语常识。比如Emily会假设在国外的餐厅中点餐，告诉人们在国外点餐的常用语，让人们学到实用的英语交际用语。

4.2.4 品——品质带来影响力

生活中人们喜欢追求“仪式感”，对短视频内容的追求也一样，那些仪式感十足、品质极佳的短视频，更容易受到人们的追捧。

伴随短视频的快速发展，用户对视频内容的品质要求越来越高，更加精细化、精品化、定制化的视频内容成为新的发展趋势。

当下，同质类短视频繁多，如果没有亮点，很容易在网络上淹没。当我们的创意较为缺乏时，我们就要从短视频内容的品质着手。

【案例分享】

拥有1500万粉丝的抖音短视频账号“仙女酵母”，在她的每个短视频中，每个女孩儿都穿着精致的服装，化着精致的妆容，演绎着一出出高质量的短剧。用户们在观看这些短视频时，内心会充满了羡慕与喜爱，渴望自己也过着这样精致的生活。

有品质不仅仅代表着人物的高颜值、画面的高清晰度，更意味着有品位的记录生活的美好，包括高品质的音乐、舞蹈等。通过这些高品质的短视频紧紧抓住用户的爱美之心。

4.3　内容创意模型：打造爆款内容的五个实用方法

当我们的脑海中充满创意时，最重要的就是让创意落地。对于短视频运营新手来说，要想打造爆款内容，必须对短视频创作进行系统化的认知，并且掌握短视频爆款内容的生产逻辑，参照以下模板，让这些“套路”为我们所用。

4.3.1　借鉴法：新手打造内容第一招

毋庸置疑的是，在这个强调内容为王的时代，原创固然是运营短视频的最好利器。可是很多时候，在实际的短视频运营过程中我们也不得不面对这样的尴尬：创意确实有限，不具备自主内容创作能力，做不出原创内容。

当出现这种情况时，我们最好的打造短视频内容的方法，就是借鉴法。借鉴法是很多短视频运营者都会用到的一种内容打造方法，尤其是对于那些刚刚运营短视频不久的新手而言，这种操作简单的方法非常实用。

然而，借鉴法虽然看起来十分简单，但是在实际的操作过程中，也需要开动脑筋，讲究技巧。作为一个合格的“内容借鉴工”，我们首先要解决的就是版权问题，因为在进行内容借鉴的过程中，照搬照抄肯定是不行的，还必须要对内容进行加工和创新，把借鉴过来的东西转化为自己的东西。

下面提供几种对借鉴内容进行加工创新的实用方法，希望能帮助到大家。

（1）创新展现形式

比如，如果我们借鉴的内容是文字版的，那么，在进行视频展现的时候，我们就可以换一种方式，在经过原作者许可的前提下，把这种纯文字的东西，改成人物台词，通过人物出镜的方式去呈现。

（2）创新内容

比如，如果我们要借鉴的内容是一段讲道理的内容，那么，我们就可以通过一个故事去展现这个道理。

以“坚持就是胜利”这个道理为例，在实际的短视频运营中，我们可以通过讲述一个“某男生坚持三年，终于抱得美人归”的故事来诠释道理。相比于单纯的讲道理，这样的故事呈现方式往往更贴合用户的需求，更能引发用户的共鸣。

（3）创新框架搭建

创新框架搭建也是我们在做借鉴内容的加工创新时经常会采用的一种方法。比如说，如果我们借鉴过来的内容是一个大的框架，那么，在实际的制作过程中，我们就可以把这个大的框架分成几个小版块，并且对每个小版块都进行详细的解释。

以制作短视频的方法为例，我们就可以把这种方法再具体细分为视频拍摄方法、视频剪辑方法、文案添加方法、音频添加方法、封面制作方法几大块。相比于借鉴内容的笼统化，这样细分过后的内容，往往更具有吸引力。

以上为大家介绍了运营借鉴法打造短视频内容的相关技巧。总而言之，在短视频爆红的今天，作为短视频运营者，即便你没有很好的原创能力，即便你找不到合适的原创素材，只要你掌握了借鉴法的相关技巧，你同样可以运用从别人那里“借鉴”来的东西，打造出属于自己的爆款短视频内容。

4.3.2　代入法：换汤不换药

在制作短视频的过程中，许多人或许会有这样的感受：天天换模板，换外景，换机位，换剪辑，感觉很麻烦，耗费的时间和精力也很多。

那么，有没有一种实际可行的办法，既能免去麻烦，又能保证内容的吸引力呢？答案是肯定的，这种“偷懒”方法便是换汤不换药的代入法。

所谓的代入法，其实很简单，就是把一些常见的生活场景，比如卖车、卖房、旅游景区、办公室等，浓缩成一个“15秒竖屏视频”。

采用代入法制作短视频内容最大的优势便在于简单方便，可以说，这种方法是“低成本打造高流量内容”的典型代表。

那么，这种方法究竟应该如何操作呢？简单来说，就是将一个固定不变的场景当作一个“画框”，然后根据需要，在这个“画框”里填充内容，不断代入各种元素，实现创意的轻松复制。

那么下面，我将以卖车和卖房两个场景为例，为大家详细介绍“代入法”的操作方法。

【案例分享 1：卖车】

首先，我们将场景固定为 4S 店，当场景固定后，接下来我们要思考的就是在这个固定的场景内，我们可以策划出哪些好玩的、有趣的或者引人注意的内容。

经过思考，我们可以提炼出这些与卖车及 4S 店相关的内容：街头发传单、电话邀约顾客、到店接待、询问讲解、试乘试驾、价格谈判、卖保险、成交签约、交车仪式、保养维修、车辆急救等。那么这些内容，就是我们可以填充在 4S 店这一固定场景内的视频内容。

需要注意的是，上述我们所提炼出的内容基本都是在卖车的过程中最常出现的内容，如果我们不经过加工策划直接进行拍摄的话，那么拍摄出来的短视频视频就会显得很平淡，没有吸引力，所以在这里就涉及“代入法”很重要的一个步骤：创意策划，给平淡的内容加点不平淡的“佐料”。

比如，简单的发传单内容可以策划为花式发传单；

电话邀约顾客可以策划为顾客的花式拒绝或顾问的花式勾搭；

到店接待可以策划为新来的小姐姐接待客人；

询问讲解可以策划为难缠顾客的花式提问；

价格谈判可以策划为顾客这样砍价、如何去 4S 店有效砍价、当你砍价的时候，销售顾问心里在想什么等；

交车仪式可以策划为交车的“仪式感”……

总之，将平常的卖车环节可能会出现的画面经过一些简单的“包装”拍摄出来，就能够很好地吸引用户关注。又因为创意是无限的，所以，只要你留心观察、认真策划，那么，采用这种代入法，你的拍摄素材就是无穷无尽的。

【案例分享 2：卖房】

和上述的卖车一样，在使用“代入法”拍摄卖房场景时，我们首先可以将场景“固定”为顾客看房，然后再在售楼部这个“画框”中去填充内容，这个内容就可以涵盖顾客看房过程中可能会发生的所有步骤，比如：看广告、来电询问、进店询问、预约房东、现场看房等。

在对这些内容进行拍摄的时候，再加入适当的创意。以“预约房东”这一部分为例，我们就可以策划为“房东奇葩见面会”。

通过对以上两个案例进行分析，我们就可以进一步总结得出“代入法”的操作要点（见图4–3）。

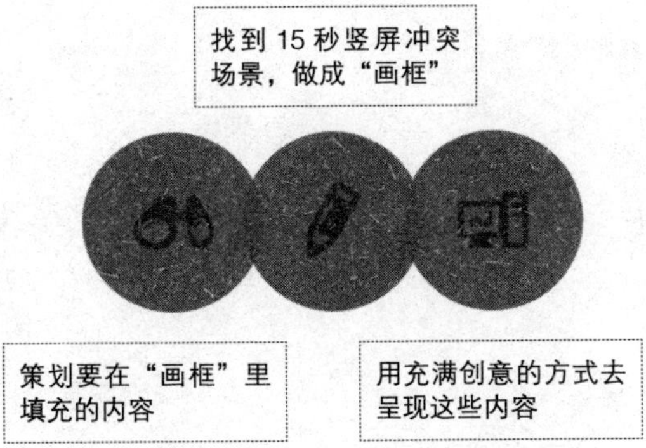

图 4–3　“代入法”的三大操作要点

熟练地使用代入法进行内容创作，能够帮助我们更快地打造出爆款视频。

4.3.3 扩展法：思维无限发散

当我们的灵感枯竭，思维受到局限，无法创作出合适的内容时，不妨使用场景扩展法，让我们的思维更加开阔，从而创作出更有创意的短视频内容。

扩展法可以分三个层次进行。

（1）人物扩展

第一个层次是人物扩展，比如我们的短视频账号是做儿童教育的，我们的目标粉丝群体是孩子和家长，我们要拍摄亲子相关内容的视频。那么我们可以以10～15岁的孩子为核心，进行人物扩展，列举出以孩子为核心的八组核心关系（见图4-4）。

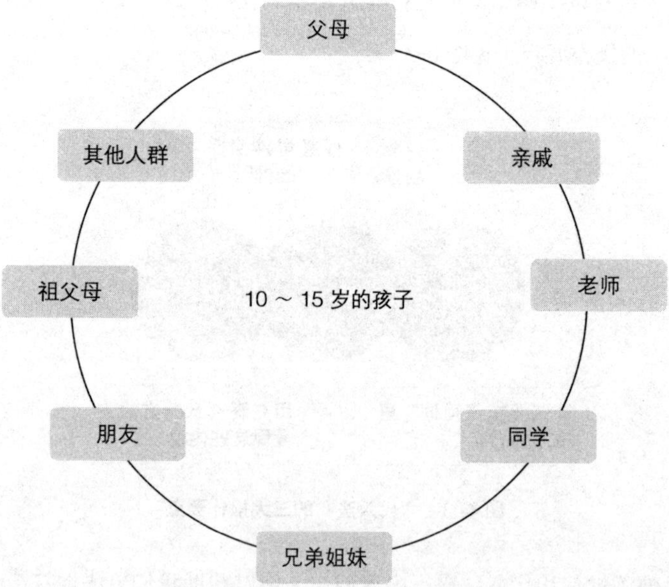

图 4-4 人物扩展

(2) 场景扩展

罗列出人物关系以后，下一步我们要围绕人物关系来进行场景扩展，我们以“孩子—父母”这对关系为例来进行扩展（见图4-5）。

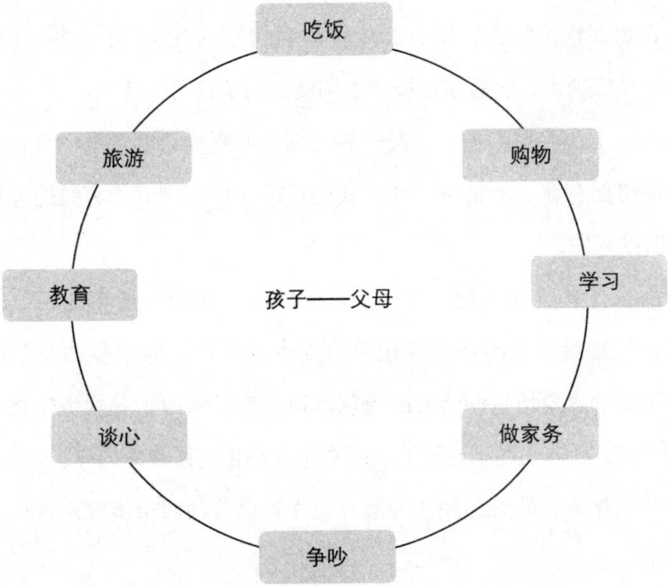

图 4-5　场景扩展

(3) 事件扩展

有了人物和场景以后，我们还要构思事件，进行时间扩展。我们选取“孩子—父母”这组人物关系，选择“做家务”这个场景，可以扩展出若干个事件，比如：孩子帮父母洗碗、父母指责孩子不做家务、父母教孩子做家务等。

有了具体的时间以后，我们可以根据时间编出对话和动作，并表演出来，这样一个小视频就拍出来了。再回头看看前面我们扩展的人物关系和场景，如果把每一组人物关系，每一个场景都进行扩展，最后得到的素材数量会大大超乎我们的想象。

4.3.4 四维还原法：爆款背后的逻辑

在短视频运营的过程中，许多人可能还会有这样的诉求：不愿意简单地模仿别人，而想通过模仿去创造出属于自己的特色。

事实上，简单的模仿只是一种短期内的跟风，要想做出真正的爆款，还得拥有自己的特色。此时我们可以使用一种更为高级的模仿模式：四维还原法。

那么，究竟什么是四维还原法呢？简单来说，所谓的四维还原法，就是指对别人的爆款视频进行深度地模仿，除了模仿它们的形式，还要重点模仿它们背后的爆款逻辑。然后从中去寻找创作类似视频的灵感，打造出属于自己的、带有个人特色的短视频内容。

归纳起来，四维还原法的具体操作可以分为四个步骤来进行（见图4-6）。

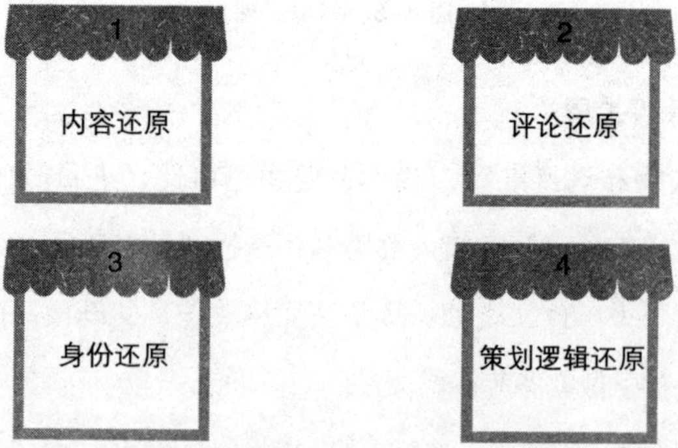

图 4-6　四维还原法的操作步骤

（1）内容还原

内容还原，就是指还原爆款短视频中的标题、画面、背景和台词等内容。在内容还原中，我们需要用文字把整个视频的内容描述一遍，找出这则爆款视频中的核心内容以及突出优点，并加以借鉴和模仿。

（2）评论还原

四维还原法的第二步，就是进行评论还原。此时我们可以打开爆款短视频的评论区，在诸多评论中，挑选一些具有代表性的评论进行研究。通常情况下，我们能从观众的评论中，发现观众究竟被这条短视频的哪些特质所吸引，我们在自己创作短视频内容时，就可以利用这些特质。

（3）身份还原

身份还原，就是对那些认真观看了短视频并通过点赞、回复等方式对短视频表现出极大兴趣的用户的身份进行调查，弄清楚他们究竟是谁、为什么会关心这个视频。

（4）策划逻辑还原

完成前三个步骤后，最重要关键第四步就来了。这一步的主要任务是要还原视频的策划逻辑。之所以强调这一步是最关键的一步，是因为在通过四维还原的方式打造短视频内容的时候，我们需要模仿的，其实就是这种策划逻辑。

要弄清这种策划逻辑，就需要我们站在视频创作者的角度去思考，做出爆款短视频的步骤是怎样的，思维方式是怎样的。

完成以上四步后，一个完整的思维还原过程就结束了。而通过运用从这个思维的过程所学到的内容策划逻辑，我们就可以批量制造出无数个同样逻辑的、具有自身特色的爆款视频内容。

4.3.5 嵌套法：循环往复，信息翻倍

当我们的创作进入后期，常常会出现以下三种情况：

短视频信息量单薄；

用户对我们的短视频提不起兴趣；

短视频缺乏耐看性。

要想解决这三个问题，我们可以使用迅速加大短视频内容信息量的方法——嵌套法。

嵌套法的实施有四个步骤（见图4-7）。

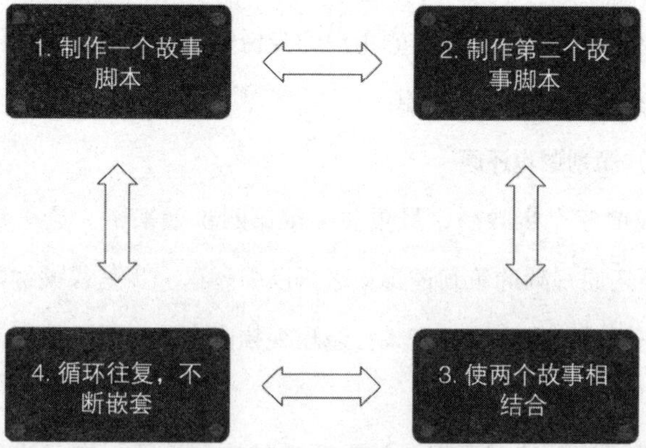

图 4-7 嵌套法的四个步骤

当我们这样做了之后，就会形成“故事里套故事”的形式，短视频的信息量立即翻倍，变得耐人寻味，勾起了用户仔细品读的心理。

我们可以尝试着撰写一个嵌套法的典型案例：

【案例分享】

第一个故事里，男主角受伤了，正躺在医院的床上，望着窗外陷入沉思。紧接着，出现了女主角，女主角站在病房门口，不断地徘徊，不愿离去，这是第二个故事。此时观众一定会好奇，这两个人到底都在想什么，内心也会有一些自己的思考。

突然，另一个女生急匆匆地提着鸡汤跑过来，看到站在病房门口的女主角，两人明显认识，双方都惊愕了一下，然后同时迈进了病房。此时我们可以巧妙地设置悬念，结束视频，并提示观众，下个视频更精彩。

这个故事虽然略显“矫情”和“狗血”，却能非常好地吊起用户的“胃口”，让用户迫不及待地想弄清楚人物之间的关系，这种信念就会促使他们持续往下看，最后结局出现令人意想不到的反转，观众心满意足，自然会为我们点赞，甚至因此成为我们的粉丝。

除了剧情的嵌套之外，我们还可以利用评论进行再次嵌套。评论区是一个开放的场所，我们可以试着在评论区安排一些评论，写道：“这个剧情我看过，是前女友和现女友的关系！”也可以写：“楼上睁大点眼睛好不好，这明明是嫂子和妹妹！”

人们在无法通过短视频获得想要的信息时，自然而然地就会去翻看评论区，然后被各种猜想所吸引，人们很容易就会加入其中，开始讨论剧情。

这种一环扣一环、不断循环往复的方式，就是嵌套法。

4.4　短视频优质热门内容的十个要素

纵观各类热门短视频，我们总能发现，这些短视频内容，往往包含着一些吸引人的特定要素，要想打造出火爆的短视频，学会利用这些要素，是一堂必修课。

4.3.1　引起共鸣

引起共鸣的实质，是讲述与用户相同的观念、遭遇或是经历。情感类的短视频是最容易引起用户共鸣的。这种情感并不仅仅局限于爱情、亲情和友情，而是所有能让人们有所触动的情感，具体内容在上文中已经有所阐述，在此不再赘述。

【案例分享】

2019 年一则短视频引起了人们的广泛讨论，一位男子因应酬喝了很多酒，醉倒在地铁站内，他的妻子随后赶到，妻子心疼地抱住男子的头，两人搀扶着回了家。这则视频之所以能够吸引人们的注意力，正是因为这种夫妻之间相互依偎的情感，以及年轻人在大城市打拼的不易，引起了人们的共鸣，人们在看到这则短视频之后，不禁联想到自己的经历，于是潸然泪下。

4.3.2 引发好奇

我们的短视频内容如果能够引发用户的好奇，那么就成功了一半。

引发好奇有以下三个常用的方法（见图4-8）。

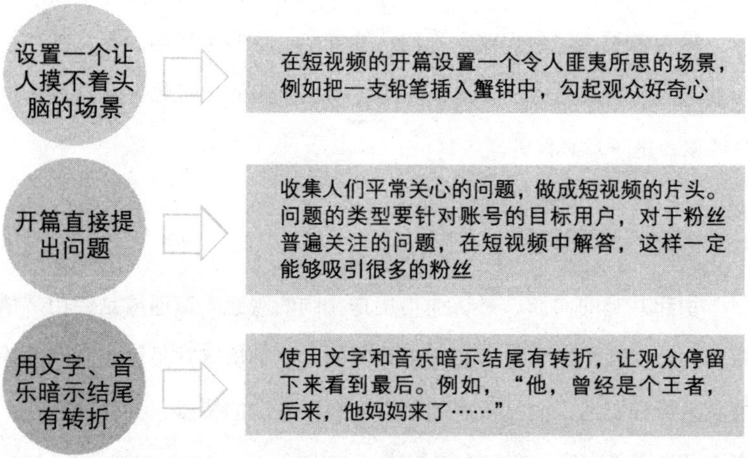

图 4-8　引发好奇的三个方法

4.3.3 利益相关

在众多短视频平台上，都开辟有同城板块，我们打开定位，就可以看到其他短视频用户与我们的距离。在这些同城板块中，有很多内容都是发生在我们身边的事情，与我们的个人利益息息相关。此时用户看到包含这种信息的短视频，自然会多加留意。

此种类型的短视频内容，包括社区养狗条例、物业电梯维修时间等涉及我们自身利益的信息。

但是这种信息的受众面比较窄，更多时候，我们会关注到更宽泛的与我们自身利益相关的信息，包括群体利益、地域利益等，比如国家新出台的政策、目前的经济形势等。我们在创作短视频内容时，可以利用这些信息，引起人们的关注。

4.3.4　引发思考

人是会思考的动物，很多火爆短视频的内容并不是让人“哈哈大笑”然后就结束了，在看完视频之后，人们往往会陷入思考。

就像我曾经在抖音上看到一个女孩子发布自己锻炼身体、学习外语、兼职教学的视频之后，就会想象，这个女孩子和我年纪差不多，为什么她的生活如此充实呢？我是否也能像她一样，既拥有一个健康的身体，又能够不断学习新技能，还能利用兼职赚取外快呢？

这些思考或许很表面，但无论思考的深度如何，只要我们的短视频创作能够引发人们的思考，那么人们必然会希望再看看我们的其他视频。

4.3.5　引发欲望

我们在看完某些短视频之后，会不禁发出这样的感叹：看完又想谈恋爱了；看完我饿了，想去吃火锅！这正是因为这些短视频内容激发了我们的欲望。

人都是有欲望的，这里的欲望并不是指邪恶的欲望，而是能够促使我们不断变好，或是让我们感到满足的欲望。这些欲望包括食欲、爱欲、购买欲等。

【案例分享】

在抖音上，有一个短视频运营者“曼曼今天迟到了吗”，她的短视频内容讲述的是她与办公室的一个帅哥从初始到逐渐相恋的过程，而这个过程，引发了很多女生的同理心，她们也非常渴望谈恋爱。

值得一提的是，能够引发人们欲望的短视频，是最容易带货的短视频，比如我们试吃鸭脖的视频，会勾起人们对鸭脖的欲望，如果我们放上一个鸭脖的链接，就有很高的转化概率。

4.3.6 探索求知

人们常常拥有无限的求知欲，尤其是对其他国家、其他文化的求知欲。我们常常能通过短视频平台，看到其他人与我们不同的生活，看到新奇的事物、别致的景色和另类的活法。

【案例分享】

国内一直流传着“到印度比拉肚子”的传说，这让很多人对印度的饮食充满了求知欲。而有一位短视频运营者“印度熊猫”，就设身处地地开始拍摄印度街头的小吃。当我们一面吐槽印度街头小吃粗糙的制作手法时，一面又希望知道吃了这些小吃到底会不会拉肚子，所以我们就会情不自禁地观看“印度熊猫”的测评，希望从中找到答案。

4.3.7　满足幻想

很多人喜欢刷短视频的初衷，就是对自己的现实生活不甚满意，希望在短视频平台上，体验其他人的生活，看看自己是否还有其他的可能性。幻想与欲望不同，欲望是有可能会实现的，而幻想大多数情况下难以实现，只能想想。

常见的幻想包括：家里的房屋拆迁，成为“包租公”的幻想；环游世界，行走在路上的幻想；回归田园，在山野之间生活的幻想……

而我们在创作短视频时，就可以从这些幻想出发，完成其他人难以完成的事情。

【案例分享】

比如《侣行》节目的主人公张昕宇和梁红，这对夫妻结伴环游世界。我们可以观察一下，我们身边有很多人都有环游世界的愿望，但这些愿望常常囿于现实无法实现，而这对夫妻就满足了我们环游世界的幻想。

4.3.8　感官刺激

能够满足人们感官刺激的短视频内容，也常常会受到人们的关注。短视频内容中常见的感官刺激包括视觉刺激、听觉刺激等。

抖音上有一个关于“跳伞”的话题，含有2.3万个视频，拥有11.6亿次播放量，而几乎每个跳伞的视频，看上去都非常刺激、振奋人心。

常见的视觉刺激型短视频内容包括跳伞、滑翔、蹦极等极限运动，甚至坐过山车也能给人们带来不小的感官刺激。听觉刺激主要运用在背景音乐上，这类视频常常会提醒用户，戴上耳机收听更刺激。

4.3.9 获取价值

能够让人获取到价值的短视频，一定是能够给人启发或是能够让人学到技能的短视频。用户能够通过短视频获取有价值的信息。现在越来越多的知识信息开始出现在短视频平台上，无论是生活的知识，还是一些专业科普的知识。

有一次我在坐的士时，与的士师傅聊到抖音，的士师傅高兴地说道："抖音这个东西很好，看着上面的内容我可高兴了，休息的时候我就爱看抖音。"这就说明，除了学到知识之外，给人带来快乐、让人感到兴奋等，同样是短视频赋予用户的价值所在。

我们在创作短视频时，一定要注意创作的目的，将用户的体验摆在第一位。

4.3.10 强烈冲突

带有强烈冲突色彩的短视频内容，通常表现为角色身份的冲突、常识认知的冲突、剧情反转的冲突、强烈反差造成的戏剧性和趣味性等。凡是与我们日常生活经历不一样的事物，我们都可以称之为具有一定的冲突性。

产生冲突的实质是由于事物之间存在矛盾，而这种矛盾的对撞，会使短视频内容更加具有张力，更能引发用户的"围观"心理，满足短视频用户作为一名"吃瓜群众"的观看心态。

【案例分享】

有一条关于测试男友“求生欲”的短视频很火爆。视频中，女生会给男生提出各种问题，比如女生的生日是什么时候，两人的纪念日是什么时候，等等。如果男生不能快速给出答案，便会遭受来自女生的惩罚。

这种情侣之间的小冲突，让其他用户在观看时觉得非常有趣，能够迅速投入其中，还会积极地进行评论。

第 5 章

涨粉实战：

你有多少粉丝，就拥有多少硬通货

在现实的短视频运营中，有的账号坐拥百万、千万粉丝，有的账号却无人问津。毋庸置疑，在粉丝经济时代，粉丝越多，短视频账号就越有价值。那么，短视频账号如何才能实现快速涨粉呢？阅读本章内容，或许你会找到答案。

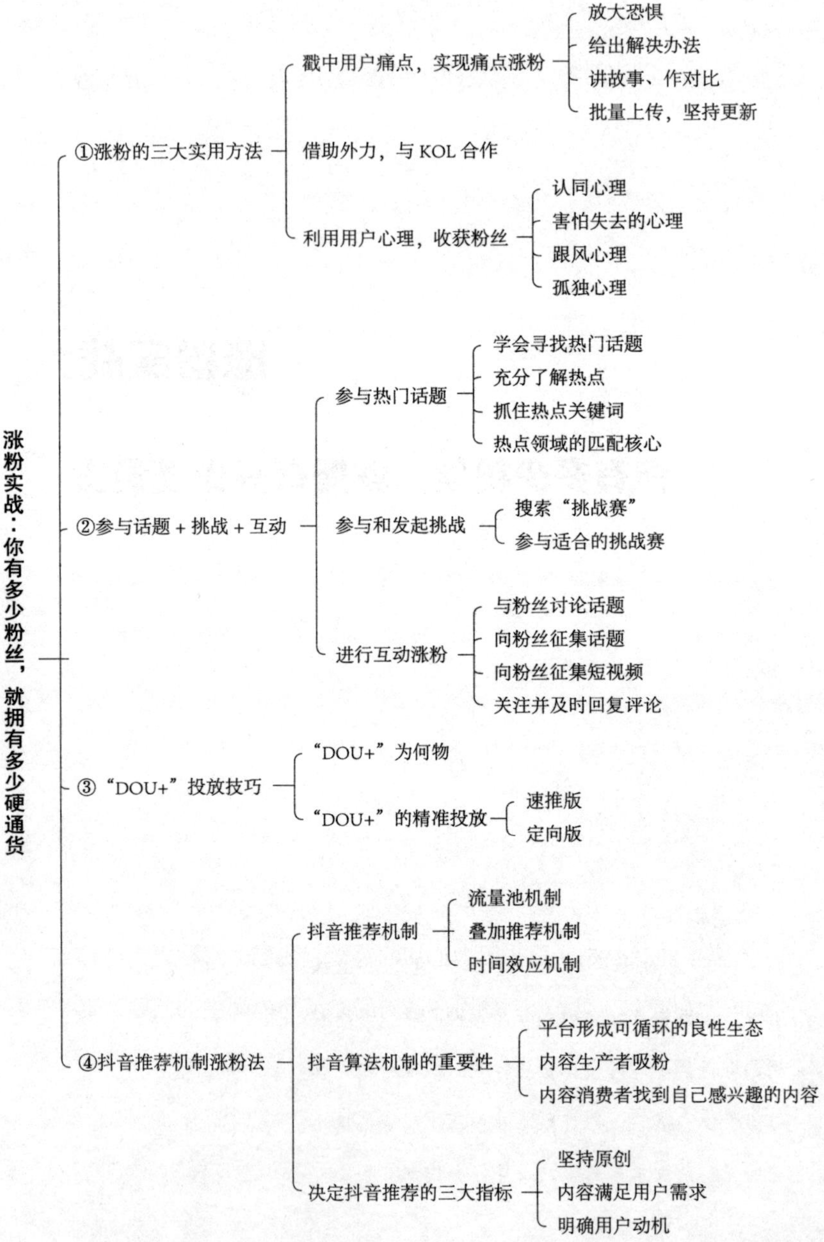
涨粉实战：你有多少粉丝，就拥有多少硬通货
①涨粉的三大实用方法
戳中用户痛点，实现痛点涨粉
放大恐惧
给出解决办法
讲故事、作对比
批量上传，坚持更新
借助外力，与 KOL 合作
利用用户心理，收获粉丝
认同心理
害怕失去的心理
跟风心理
孤独心理
②参与话题 + 挑战 + 互动
参与热门话题
学会寻找热门话题
充分了解热点
抓住热点关键词
热点领域的匹配核心
参与和发起挑战
搜索“挑战赛”
参与适合的挑战赛
进行互动涨粉
与粉丝讨论话题
向粉丝征集话题
向粉丝征集短视频
关注并及时回复评论
③“DOU+”投放技巧
“DOU+”为何物
“DOU+”的精准投放
速推版
定向版
④抖音推荐机制涨粉法
抖音推荐机制
流量池机制
叠加推荐机制
时间效应机制
抖音算法机制的重要性
平台形成可循环的良性生态
内容生产者吸粉
内容消费者找到自己感兴趣的内容
决定抖音推荐的三大指标
坚持原创
内容满足用户需求
明确用户动机

5.1　基础篇：涨粉的三大实用方法

在运营短视频中，我们自身的创意和想法固然重要，但借鉴他人运营短视频的经验也同样重要，这能让我们少走弯路，迅速涨粉。短视频涨粉也需要循序渐进，逐步推进，基础方法有三个。

5.1.1　方法一：戳中用户痛点，实现痛点涨粉

“痛点”这个词，我们常在销售中听见，实际上，“戳痛点”也可以用来涨粉。

短视频平台上用户的“痛点”，就是在某个时期内他们没被满足的需求或欲望。这种需求和欲望越强烈，这个点对于用户来说就越迫切、越痛。

需要注意的是，那些不太迫切的需求，我们通常称之为“痒点”而非“痛点”。“痛点”是用户遇到的必须马上解决的问题，而“痒点”虽然存在，却不会给用户的生活带来重大影响。

【案例分享】

有的家庭饲养宠物，到了宠物换毛的季节，家中往往毛发满天飞。此时用户急需解决这个问题，那么这个问题就是用户的“痛点”问题。我们就可以向其推销吸尘器、粘毛器等用户必备的产品。而对于不饲养宠物的家庭来说，虽然家中有灰尘，却并不影响日常生活，所以吸尘器、粘毛器就成了“痒点”产品。

所以说，短视频运营者在寻找用户“痛点”时，一定要从用户最紧迫的需求入手，用户越“痛”，我们越能吸引他们。

“戳痛点”的方式通常有以下四种（见图5-1）。

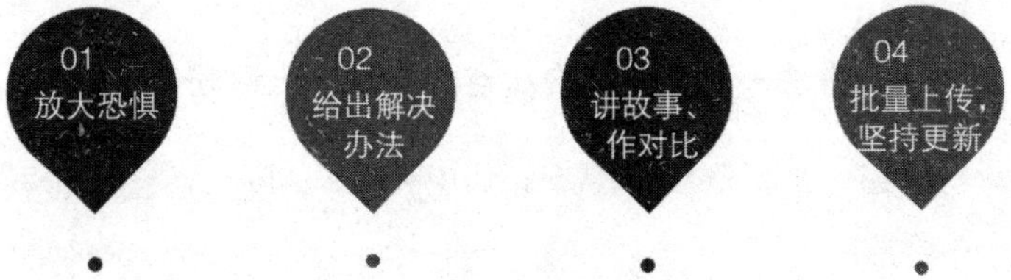

图 5-1　“戳痛点”的四种方式

（1）放大恐惧

有些时候，用户并没有意识到自己的需求如果得不到满足，会造成什么样的严重后果，此时短视频运营者，就可以煽动人们的情绪，将形势描述得更严峻一些。

【案例分享】

还是拿上面饲养宠物的例子来说，有些人虽然觉得宠物毛发满天飞有点麻烦，但也能够接受这种状况。此时我们就可以向用户说明，长期吸入毛发，会产生什么样的后果，或是宠物毛发上残留着什么样的病菌等。

以此来放大用户的恐惧，让他们信服我们，并愿意继续看我们的视频。

（2）给出解决办法

仅仅依靠放大用户的恐惧是无法解决问题的，还很有可能引起用户的恐慌。此时用户就会迫切地希望我们能够教授他们一些方法，来解决这些问题。

例如，我们可以制作出一些扫除毛发的“窍门”类视频，帮助用户解决生活中的实际烦恼，就可以很快赢得用户的信任。

（3）讲故事、作对比

讲故事、作对比是非常好的引起用户关注的方式。故事永远比干巴巴的理论知识要吸引人。同样的事情，换个说法，换个表达方式，就很有可能引起意想不到的效果。

（4）批量上传，坚持更新

批量上传，坚持更新，是维系粉丝的重要手段。如果我们的短视频内容五花八门，就无法找准目标群体，甚至让已经成为我们粉丝的用户“脱粉”。

所以我们要有规律地更新视频，并坚持到底，长期坚持才能换来用户的关注。

寻找用户痛点的工作，需要我们在运营短视频的实践中慢慢摸索，不可能一蹴而就。

5.1.2 方法二：借助外力，与 KOL 合作

在每个短视频平台上，都有一些头部运营者，即KOL，这些运营者常常拥有众多粉丝，受到追捧。无论是企业运营者还是个人运营者，如果能够与这些KOL合作，将会迅速为自己“吸一波粉”。

短视频平台中的KOL通常具有以下三个特点（见图5-2）。

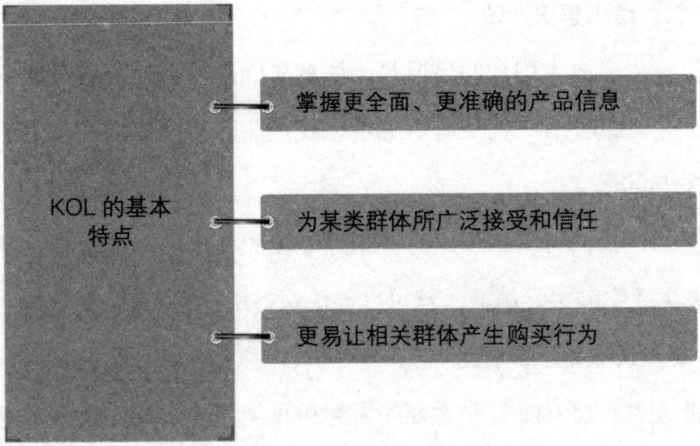

图 5-2　KOL 的基本特点

正是因为短视频平台中的KOL具有这三个特点，我们在与他们合作时，就会存在以下三大优势（见图5-3）。

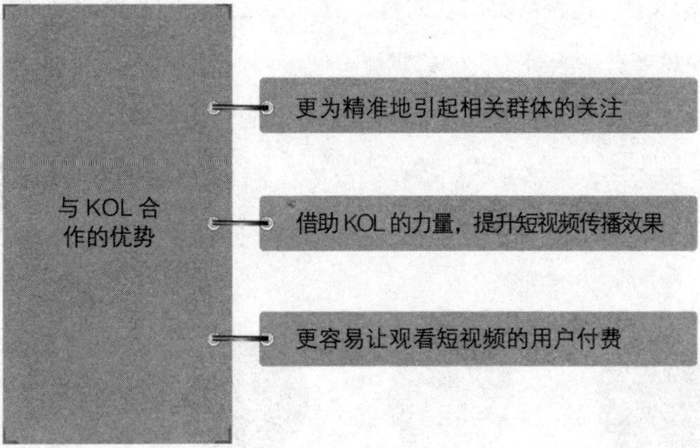

图 5-3　与 KOL 合作的优势

【案例分享】

轻奢品牌 MICHAEL KORS 在打开中国市场时，就与一些具有强大表现力的抖音达人和时尚博主进行了合作。例如 @ 吴佳煜、@ 洁哥是女大神呐、@ 凌听雨和 @HiyaSonya 等。就是凭借这样的“短视频 +KOL”内容营销的方式，让 MICHAEL KORS 的曝光度增加，他们自己的短视频账号也迅速涨粉，同时也使得其在我国时尚年轻社群中的品牌影响力得到提升。

5.1.3　方法三：利用用户心理，收获粉丝

很多人喜欢一个短视频，纯粹是因为“这条短视频对我胃口”“这条短视频说得不错”“这个短视频运营者我很喜欢”。有时候人们甚至说不出理由，全凭感觉，就会成为一个短视频运营者的忠实粉丝。

实际上，这种情况出现的背后逻辑，是人们的心理活动在影响着人们的思考，影响着人们的感觉。

作为短视频运营者的我们，就需要了解并抓住用户的心理，让用户的心理活动，来激发他们给我们点赞、关注和转发的行为。

用户在看短视频时，常见的心理有以下四种（见图5-4）。

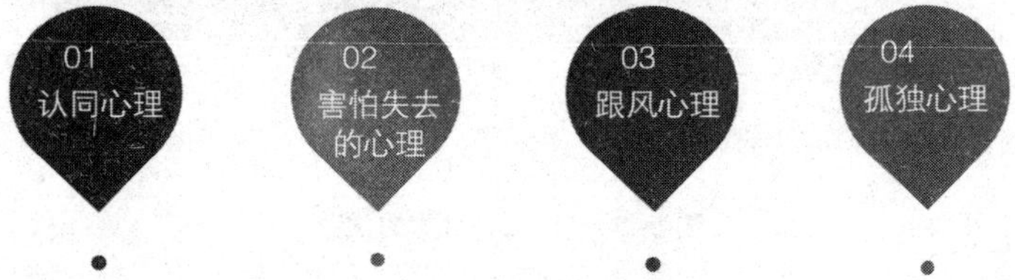

图 5-4　常见的短视频用户心理

（1）认同心理

认同心理是用户对某些短视频产生肯定性的情感。这种认同可以是对短视频中蕴含的知识的认同，也可以是对短视频运营者的价值观的认同，更可以是单纯地肯定短视频的效果。

一些“心灵鸡汤”、实用技能或是哲学道理，都能够引起人们的认同心理。

【案例分享】

“一禅小和尚”这个账号，就是运用动漫形式，将一些哲理知识透过“小和尚”的口中传达出来，引起人们的认同。

（2）害怕失去的心理

在海量的短视频中，如果我们的短视频内容能够让用户惊喜，那么他们会因为害怕失去如此令他们惊喜的视频，选择关注我们。

（3）跟风心理

在短视频运营中，一定要擅长利用用户的跟风心理。因为每个人都有跟风的习惯。跟风心理其实是出于人们的机械趋同行为。

在生活中我们会看到一些机械趋同带来的好玩的事情，但是我们成年人往往会把这些东西当成一种习以为常的感受，有时候自己都无法察觉。

【案例分享】

有一个人站在路边望着天空，另外一个人走过来，就会好奇这个人在看什么，也会望向天空，后面的人看到他们这样做，也会不自觉地望向天空。这种无意识的行为，就是机械驱动原理。

把握住人们的这种特性，让用户在看了我们的短视频之后，跟风点赞或是模仿，是我们涨粉的最佳方式之一。

（4）孤独心理

现在很多年轻人，会有强烈的孤独感，尤其是在夜深人静的时候。而年轻人普遍喜欢熬夜，在夜晚刷视频的时候，如果有一些热闹、甜蜜的视频出现，就能缓解他们的孤独情绪，也能瞬间吸引他们的注意力。

5.2 进阶篇：参与话题 + 挑战 + 互动

“参与话题+挑战+互动”是我们进行涨粉的又一大技巧，掌握好这个技巧，能够帮助我们更进一步吸引用户注意，并不断培养用户的忠诚度，使用户成为我们的“铁粉”。

5.2.1 如何参与热门话题

很多人想抓住热度，却苦于没有办法，最后作品成了“四不像”，既没有自己的风格，也无法模仿到他人的精髓。所以我们在把握热度时，要选择最佳的方式。

(1) 学会寻找热门话题

最适合的热门话题，就是和你的内容相匹配的领域的话题，如果你是美妆类的内容，当然要找美妆类的话题。每个行业都会有热点，就算暂时没有，你用的热点也不能太偏离行业领域太多，卖美妆的，千万别去追逐卖老年用品的热点。

(2) 充分了解热点

就算是找到了可以利用的热点，我们也要用心去了解一下热点的来龙去脉。热点是如何发生的，是怎么达到目前热度规模的。有些热点反转得很快，如果不了解内容就贴上去，很容易把自己套进去。

要了解一个热点的始末有很多办法，我们可以去百度搜一下；也可以去抖音等大平台关注一些别人的解说；还可以搜相关的词汇，看看最早是谁发现的，有没有内情，有什么样的主流风向标。

（3）抓住热点关键词

很多人都忽视了热点关键词，实际上，各平台的网络算法有一定的共同性，抓住了热点关键词，也就决定我们的视频能不能成为热搜。

在抖音的算法里，一个标题写有“宝妈”关键词的视频，肯定是推荐给符合宝妈条件的用户。没有明显的热点关键词，也就没有明显的推荐对象，抖音系统也不知道推荐给谁看。

在正常情况下，一个热点事件至少要提炼出三个对应的热点关键词，而每个关键词最好由3～5个关键字组成。这样的热点，最容易帮助你上热门推荐。

（4）热点领域的匹配核心

很多时候，就算你找到了和自己领域匹配的热点话题，但是这个话题是否一定能和我们的内容产生关系呢？

我们在运营短视频时，经常会出现缺乏灵感和创意的情况。此时，利用当下的热点话题进行创作，是很多运营团队的惯用手法。

我们先要找同领域的热点话题，搞清楚事件的始末，再从中提炼关键词，最后就是让热点和我们创作的内容保持匹配。很多所谓的原创内容，就是用自己的形式去展现当下的热点，通过多种方式把热点事件展现出来，就形成了自己的原创。

5.2.2 如何参与和发起挑战

在抖音上，还有一个快速吸粉的渠道——挑战赛，在一场热门的挑战赛中会出现许多爆款视频，所以积极参与抖音挑战赛，或者发起抖音挑战，都是很好的涨粉方法。

抖音挑战赛的核心就是模仿，挑战发起者拍摄一个视频后，发起话题挑战，其他人通过模仿的形式参与挑战。如果能在模仿原视频的基础上发挥自己的创意，就很容易引起关注。下面我们来看看应该怎样参与抖音挑战赛。

参与抖音挑战赛的方法很简单，我们按下面的步骤操作就可以了。

第一步：点击搜索，进入搜索页面。

第二步：搜索关键词“挑战赛”，或者你想参加的挑战赛关键词，选择“话题”栏，页面中会出现相关搜索结果。

第三步：选择自己想参加的挑战赛，点击“参与”后就可以开始拍摄挑战视频了。

我们在选择参与挑战赛时，最好选那些人气高、参与人数多的，这样的挑战赛才能为我们带来流量。此外，我们参与的挑战赛应该是自己擅长的，并且与我们的抖音账号定位相似的。

参与某个挑战赛的人，必然是对这个挑战赛相关内容非常感兴趣的，如果他们进入我们的主页后发现内容很对胃口，就会选择关注。如果我们参与的挑战赛是与账号定位不相干，吸粉效果就会大打折扣，而且还会打乱我们的内容定位。

看到这里有的人可能会问：“我能不能自己发起挑战呢？”当然可以，不过发起挑战赛需要一定的粉丝基础，否则挑战赛就会变成独角戏。不过，我们可以先了解一下发起挑战的方法。

发起挑战赛的方法非常简单，发布视频时带上#挑战赛#这个话题就行了，具体的步骤如下：

第一步：拍好挑战视频后，选择“下一步”，进入发布页面。

第二步：点击“话题”按钮，为视频添加“挑战赛”话题，并点击发布即可。

以上就是发起抖音挑战赛的方法，我们可以在积累了一定粉丝时发起挑战赛，还可以设置一定的奖励，提升粉丝参与的积极性。我们还可以利用挑战赛来推广自己的产品，把产品植入视频中，让参与挑战赛的人都能看到。

总之，抖音挑战赛是一个吸粉利器，能最大限度地帮我们扩大曝光，我们应该好好地利用它。

5.2.3　如何进行互动涨粉

短视频运营者与粉丝的互动方式主要有提问和回答、话题讨论、征集意见、观点辩论、发起投票、有奖竞答等。不同的互动方式有不同的操作方法，起到的作用也不尽相同。尽管互动的方式有很多，但是如果不能合理选择，或者没有掌握技巧，也发挥不了它的威力。

接下来将以抖音为例，给大家分享抖音实用互动技巧，以便抖音运营者提升互动效果。

（1）讨论带热度、有争议话题发起粉丝讨论

在和粉丝的互动中，如果能让粉丝产生激烈的讨论往往更能增加热度。而通常能引发粉丝热烈讨论的话题都是有争议性的话题。

那么，什么样的话题才算有争议呢？其实有争议的话题可以简单概括为“公说公有理，婆说婆有理”的话题，最典型的特征是从两个或多个方面分析都有其道理。

抖音视频账号在抛出话题后，要能够引起用户的思考，当他们在评论区看到与自己相同的观点会交流；当他们看到与自己观点不同的人会反驳。粉丝与粉丝之间的话题讨论，粉丝与运营者之间的互动，能够带动短视频热度，吸引更多用户加入。

（2）短视频创作遇到瓶颈，向粉丝征集话题

一个人的能力和精力有限，抖音创作者也可能出现没有创意的情况，对做什么内容没有想法。在创作处于瓶颈时，可以向粉丝请教，在抖音账号下发起话题征集活动，让粉丝发表自己的看法以及想要看的内容。如此不仅是对粉丝做调查，了解他们的兴趣点，促使他们关注下一期视频，还可以让粉丝有认同感和参与感。

（3）向粉丝征集短视频，使得视频多样化

抖音短视频的个人创作者力量有限，较难做出主题风格和内容不同的短视频。因此，为了扩大短视频的覆盖面、让视频多样化、更吸引人，可以向粉丝征集短视频，获取更多的短视频内容，促使粉丝更加活跃。

抖音账号可以选择贴近粉丝生活的主题，展开征集活动，让有想法、有能力的粉丝制作视频。在制作过程中，粉丝会对抖音创作者更加了解和认可，也可以为抖音账号带来更多粉丝，增加其影响力。

（4）由视频转向幕后，关注并及时回复评论

短视频的运营不只是通过单纯的视频内容吸引粉丝，还要让粉丝了解背后的创作者和团队。为此，抖音运营者和运营者要多和粉丝互动，使其在认同视频内容的基础上，逐渐认可幕后工作人员。

达到此目的的最佳方式就是关注粉丝的动态，及时回复粉丝评论。粉丝在发表言论后，多少会希望自己被运营者回复，从而在心理上形成满足感。短视频运营者较好的回复评论，能够提升粉丝的忠实度。

5.3 涨粉技巧一："DOU+"投放技巧

在涨粉的道路上，除了"埋头苦干"之外，我们其实也可以走一点"捷径"。因为每个短视频平台都手握大量流量，当我们开始运营短视频账号时，如果觉得平台免费发放给我们的流量不够，那么我们也可以自行购买推荐流量，在抖音上，这一工具就叫作"DOU+"。

5.3.1 "DOU+"为何物

"DOU+"是一个抖音营销工具，它可以帮我们把视频更精准地推荐给目标人群，从而提高视频的播放量，不过这个营销工具是需要付费的。购买之后，抖音会将你要推广的视频优先推荐给更多感兴趣的用户，提升视频的播放量。

经过"DOU+"加热的短视频会出现在哪里呢？因为是付费推广，加热的视频会直接出现在抖音首页的推荐里，根据抖音算法，加热的视频会优先其他视频展现给对该类型视频感兴趣的用户。因此，"DOU+"可以说是扩大曝光度的最佳利器。

使用DOU+营销工具结合起来可以实现更精准的曝光，让更多的人看到我们的店铺，提升粉丝到店消费的概率。这种玩法非常适合有曝光需求的线下实体店。下面案例中的“花漾庭院”就运用了这种玩法，成功吸引了一大批客人。

【案例分析】

“花漾庭院”本来是一家既没有客户基础，又没有关注度的客栈，它位于西双版纳，在开通抖音账号之前，生意一直马马虎虎。

开通抖音“蓝 V”账号以后，“花漾庭院”把民宿中的宠物作为视频内容，将门店定位分享到抖音视频中。为了进一步扩大曝光，“花漾庭院”还使用了营销工具 DOU+。

通过抖音平台的推荐，“花漾庭院”的线下客户明显增加，很多人慕名而来，并在店内拍摄抖音视频“打卡”，这些由粉丝和客户发布的视频又为“花漾庭院”带来了一波关注。

“花漾庭院”还将实体店铺中融入了抖音元素，为顾客提供了各种优惠活动，到店的客户只需要发一条关于“花漾庭院”的视频就能获得优惠。这个活动不仅能让到店的客户获得实惠，还能进一步提升门店的曝光度，让线下的流量“回流”到线上，形成良性循环。

5.3.2　“DOU+”的精准投放

“DOU+”的购买方式是：在抖音最新版本中，选择想要加热的视频，点击进入视频播放页面，点击右侧，选择“DOU+”，选择定向模式，下单支付。DOU+不光可以帮助自己的视频加热，也可以加热你想帮助加热的视频内容（见图5-5）。

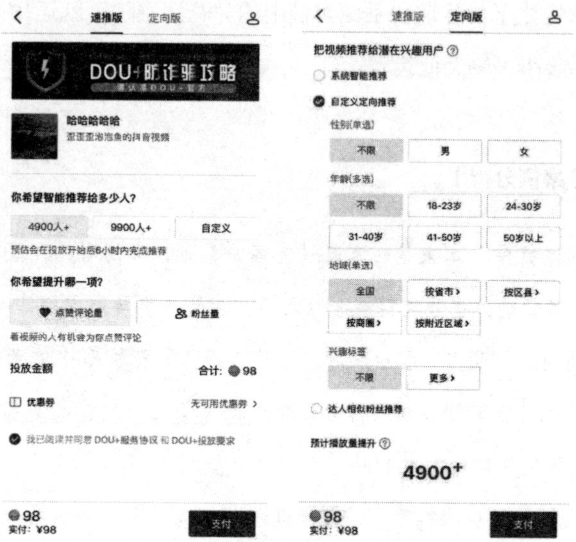

图 5–5 “DOU+”的投放页面

通过上面的两张“DOU+”投放页面图我们可以发现，“DOU+”之所以被短视频运营者广泛使用，是因为其具有非常垂直、精准的投放选项。

首先，“DOU+”分为“速推版”和“定向版”两种。在速推版中，我们可以选择短视频的推送人数、希望提升的对象等。这种推广方式，较为粗放，比较适合对自己的短视频没有明确定位的账号。

而另一种推送方式定向版，则非常精确，涵盖大量信息。我们可以自行选择投放到特定的用户中去，这些特征包括用户的性别、年龄、地域等，为了让用户更加精准地接收到我们的投放，我们还可以加上限定性的兴趣标签。例如美食类短视频要想获得更好的投放效果，可以加上“吃货”“美食”“大胃王”等标签。

另外，如果短视频账号定位足够清晰，我们必然会了解到该领域内头部短视频账号有哪些，在投放广告时，我们还可以选择与这些头部短视频账号相似的粉丝进行推荐。例如在运营旅游类短视频账号时，我们就可以选择与“二娃千里看世界”“旅游攻略”等旅游领域头部短视频的类似粉丝进行投放。

5.4 涨粉技巧二：如何利用抖音推荐机制涨粉

当短视频的“风口效应”初显，便有诸多平台纷纷下场，想从这个巨大的流量市场中分得一块“蛋糕”，可经过一段时间的发展，为什么在这些平台中，抖音脱颖而出成为其中的佼佼者呢？其中一个重要的原因，就是抖音独特的推荐机制，给了短视频用户更为广阔的涨粉空间，将这些用户牢牢地锁定在抖音平台上。如果我们能够利用好抖音的推荐机制，那么迅速涨粉将不再困难。

5.4.1 抖音推荐机制：人人都可能“爆红”

著名波普艺术领袖安迪·沃霍尔曾说过：“未来，每个人都能出名15分钟。”这句话转成抖音思维就是：“在抖音，每个人都能出名15秒。”

我们都知道，抖音的规则就是去中心化，它的独特之处就在于它并没有和许多直播平台一样，只把流量分给重量级的主播，而是采用了公平机制，对流量进行了分配，让每个人都有机会一夜爆红。

抖音有三条推荐机制，这三条机制环环相扣，只要我们的短视频内容足够优质，就不必担心无法获得流量。

（1）流量池机制

你的抖音账号在发布一个短视频之后，都会根据你的内容，推送给关注你的人、附近的人，或者可能对这部分内容感兴趣的用户。这些用户便是你的初始流量池，其目的便是初步提升短视频的关注度。

在抖音里，每个人拍摄的作品，即便是广告作品，系统都会分配一个基础的曝光率，大概会让0～200人看到这些新发布的作品。

这便是抖音的高明之处，它让新的用户、新的视频有了更多的可能。其他的平台，例如微博，新用户鲜少受到关注，这些平台的流量普遍向名人、"大V"倾斜。

所以即使我们在抖音没有任何一个粉丝，当我们发布了作品之后，依然能看到有不少人观看了这条视频。这就给了更多人机会，只要我们有能力产出优质内容，就有机会与其他大号竞争。

抖音对于流量的分发，有自己的一套算法，主要从作品的"点赞量""评论量""转发量"以及"完播率"入手。

这就意味着，基础曝光的效果几乎决定着作品的"生死"，一旦作品在0～200个人观看时得到了很好的效果，作品的点赞率、评论率、转发率和完播率都不错，系统就会将这部作品推送到下一个流量池，达到更大的曝光。

知道了这4个标准，我们就要在一开始视频发出来的时候，想办法发动所有能发动的力量去完播、点赞、评论、转发。

（2）叠加推荐机制

抖音还会根据视频的相关数据，进行叠加推荐。

所谓叠加推荐，就是抖音会给新视频只能分发200个左右的播放量，如果转发量达到10个，算法就会将这个视频判断为"受欢迎的内容”，就会自动为内容加权，叠加推荐给1000个用户；如果转发量达到100个，算法将会持续叠加推荐到10000个用户……依次类推，就出现了很多“一夜爆火”的视频。

叠加推荐也不是随便进行的，主要是以内容的综合权重为评估标准，综合权重的关键指标也是“点赞量”“评论量”“转发量”以及“完播率”。但各个梯级的权重各有差异，当这些指标达到一定数量之后，系统就会开始使用大数据算法和人工运营相结合的机制。

(3) 时间效应机制

在使用抖音时，我们会发现这样一种现象：有些视频在刚发布之后无人问津，但过了几天、一个星期甚至几个月之后，这个视频却突然火了。这是因为抖音的推荐算法还带有时间效应，除了帮助新的视频获得流量之外，抖音还会时不时地给一些优质的老视频进行推荐。

就像有些视频，虽然一开始没火，但如果有人持续地对这个视频进行点赞、评论或是转发，那么它很有可能会被推荐。

5.4.2 抖音算法机制的重要性

从某种程度来说，抖音之所以能够迅速爆红、吸引一大批忠实抖粉，其独特的算法机制是功不可没的。归纳起来，抖音算法机制的重要性主要体现在以下三个方面：

(1) 有助于平台形成可循环的良性生态

抖音算法机制的最大作用是能够帮助平台形成可循环的良性生态。一方面，它能够对抖音平台上的用户数据进行妥善的管理；另一方面，它也能够根据户的意见反馈和相关建议对平台进行改进，以提高用户体验，帮助平台留住并吸引更多用户，并最终使平台达到可循环的运行模式。

（2）有助于抖音内容生产者吸粉

作为拍摄抖音视频的内容生产者，如果想利用抖音视频吸引到更多粉丝，就必须要明确抖音规则。就像朋友过生日时，你只有提前了解了朋友的喜好后，才能送出让对方最满意的礼物。

当然，在现实的生活中，了解平台要比了解人简单得多。作为抖音内容生产者，如果我们能充分了解抖音的推荐机制，那么，我们在拍摄抖音视频的时候就能有的放矢地根据抖音推荐机制去设计视频拍摄内容，从而引导抖音平台将我们归于优质用户，为我们提供更多权限和推荐机会。

（3）有助于内容消费者找到自己感兴趣的内容

在现实生活中，你是否也会有这样的感受，当你打开抖音、淘宝、今日头条等App的时候，你会发现在这些App的首页所显示的内容，大多都是你自己比较感兴趣的。

为什么会出现这种情况呢？原因其实很简单，因为当你平时在使用这些App的时候，平台会根据你的搜索内容或观看内容去判断你的喜好，并记住你的喜好。下次，当你再次打开App的时候，平台就会根据你的喜好去为你推荐最适合你的内容，目的就是为了更好地留住你。

5.4.3　三大指标，引爆流量吸粉

通过对抖音推荐机制的分析，我们可以得出这样一个结论：短视频内容和用户对短视频内容的反应是决定抖音推荐的两大关键因素。而如果进一步细化可以得出，决定抖音精品流量池推荐的三大重要指

标：坚持原创、满足用户需求、明确用户动机。

（1）坚持原创

我们知道，抖音平台在进行抖音短视频流量池推荐的时候，会把作品的原创度作为一个重要的衡量指标。除此之外，之所以强调在运营抖音的时候要坚持原创，是因为和搬运、模仿相比，原创抖音作品会具有如图所示的三大优势（见图5-6）。

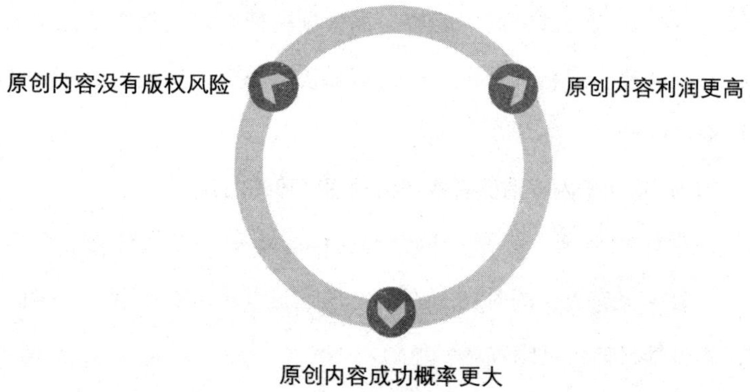

图 5-6　原创短视频内容的三大优势

那么，我们在做抖音运营时应如何坚持原创呢？我的建议是先选择核心受众，再根据核心受众制作能够吸引他们的内容，简单来说就是做好内容定位。至于怎么做内容定位，需要结合抖音平台的主要内容来分类。目前，抖音平台上的内容主要分为大众娱乐内容与细分垂直内容两大类。

大众娱乐内容是指唱歌、跳舞、讲段子等比较通俗、娱乐性较强、适合绝大多数受众的内容。这类内容吸引粉丝的秘诀在于主播本身的素质，比如颜值高、有特点等。细分垂直内容是指各行各业的专业知识和技能分享。这类内容实用性更强，适合想要通过短视频学习自己感兴趣的知识和技能的人群。

这两种内容很难说哪个更好，前者受众多，能获得的粉丝量也更高。后者的粉丝量虽然会少一些，但是他们绝大多数是精准粉丝，对账号的认可度、关注度、忠诚度会更高，转化率有时候甚至会高于大众娱乐内容，因此大家根据自己的实际情况制定内容方向即可。

（2）内容满足用户需求

内容满足用户需求是指我们在制作短视频之前要挖掘出用户的真实需求，比如减肥的女性朋友关注的内容大多数是减肥技巧、运动健身、减肥餐等，因为这些内容可以满足她们减肥的需求。

只有了解了用户的真实需求，才能提高内容原创度，制作出用户更喜欢的短视频，进而引爆流量、吸引粉丝。那么我们要怎么了解用户的真实需求，打造用户喜欢的内容呢？根据我的经验，可以通过以下三个步骤进行：

① 确定用户需要被满足的需求。

很多用户表现出来的需求往往是表面上的，真正的需求需要我们去深度挖掘，我们可以通过以下问题分析出用户需求。

【问题分享】

第一，该内容是否满足绝大多数核心用户的需求？这个需求是否属于高频的刚需？这个需求是否符合我们要传播的核心价值？

第二，我们的竞争对手是否已经满足了用户的类似需求？为什么大家要做这样的内容？不做这样的内容的原因是什么？

第三，如果我们满足用户的这个需求，投入产出比是否能达到预期？获得的回报与付出的成本是否能达到平衡？

第四，我们是否有足够的能力去完成用户的这个需求？

我们可以把以上这些问题都列出来，根据自身的具体情况逐一分析，尽量做到知己知彼，方能百战不殆。

② 打造核心点满足大部分用户需求。

正所谓众口难调，每个用户都有自己的特点，因此需求也各不相同，我们不可能制作出满足所有人的内容。所以我们要获取的是大概率，也就是说我们在制作内容时首先要确定自己制作内容的核心点，然后把这个核心点定位到规模最大的需求群体中，满足大部分用户的需求，便不愁流量了。

③ 不断创新跟上用户的需求变化。

时代在不断发展，网络、科技也日新月异，用户的需求也会根据大环境和自身的改变而不断变化，所以有可能今天还是刚需的内容，明天就不再被用户需要了。因此想要制作出满足用户需求的内容，必须时刻紧跟用户的需求变化，只有根据这一变化不断创新才能制作出仿佛为用户“量身制作”的内容，获得用户的认可。

（3）明确用户动机

这里的动机，主要是指用户的点赞动机、转发动机、评论动机和关注动机。作为抖音运营者，你只有首先明确了用户的这四大动机，那么在运用抖音的时候，才能拥有更清晰的思路，有的放矢地去获得抖音精品流量池的推荐，吸引更多用户关注自己，实现快速涨粉的目标。

① 点赞动机。

点赞动机一般考验的是我们制作的短视频有没有感动、惊艳用户。两者相比较来说，感动用户更容易做到。比如抖音上有很多保护野生动物、救助流浪动物、边远山区支教等视频，所传递出来的正能量、感染力比较强，人们往往会被这样的爱心所感动，自然不吝啬动动手指，给一个大大的赞。

② 转发动机。

转发动机一般考验的是我们制作的短视频能不能给用户带来收获。只有让用户心服口服、有收获的视频才容易被转发。比如我们在抖音上看到一个快速叠衣服的短视频，比我们平常叠衣服的方法更简单、实用，让我们收获了快速叠衣服的技巧，而且这个技巧是免费的，也是身边很多朋友需要的，自然会触动转发动机，转发给身边的人。

③ 评论动机。

评论动机一般考验的是我们制作的短视频能不能让用户认同，强烈的认同感和不认同都容易激发用户的评论动机。强烈的认同感，比如“厉害了，我的国”“我在天安门前看升旗”等具有爱国热情的内容，这样的内容是整个中华民族都会认同并为之骄傲的内容，所以很容易获得评论。强烈的不认同感，比如捕杀野生动物、虐待儿童、地域炮等相对负面的内容很容易引发人们的不认同感，引出用户“一定要评论来争论一番”的冲动。

④ 关注动机。

关注动机一般考验的是我们制作的短视频对用户来说有没有价值。我们在抖音里要关注一个账号，无论是娱乐型还是实用型，肯定都是因为它对我们来说是有用的，娱乐内容可以让我们心情愉悦，实用内容可以给我们的生活带来便利，所以当一个账号可以给用户持续带来价值时，无论是物质价值还是精神价值，都能引发用户的关注，获取更多的流量。

众所周知，抖音的精品推荐是“去中心化”的，所有的内容都根据用户的喜好而动，所以只要你的视频内容坚持原创，质量较高，能够满足用户需求，抖音就会更多地向广大用户推荐你。只要得到抖音持续的推荐，引爆流量、凝聚大量粉丝的日子还会远吗?

第6章

精准引流：

五大最快引流法，让你的产品疯传、裂变、狂卖

没有强大的粉丝基础，短视频运营就是不现实的“空中阁楼”。短视频运营的核心就在于流量。如今，随着短视频运营竞争的“红海”化，精准引流已经成为短视频运营环节的重中之重。

- 精准引流：五大最快引流法，让你的产品疯传、裂变、狂卖
  - ①推荐法
    - 维护账号，提升权重
      - 放弃降权的账号
      - 持续维护
      - 提升四大指标
      - 重视新账号的初期作品发布
    - 热门元素的利用与重组
      - 段子
      - 宠物
      - 颜值
      - 现实
      - 新鲜感
      - 快节奏
    - 巧妙植入广告
      - 利用短视频与产品之间的内在逻辑
      - 利用短视频所特有的大众化和时效性特点展示产品
      - 为产品拍摄有趣的视频
  - ②通关法
    - 用大号推小号
    - 拍摄喜剧视频
    - 建立品牌人设
    - 制造传播热点
  - ③矩阵法
    - 常见的短视频矩阵模式
      - 1+N 矩阵模式
      - 蒲公英矩阵模式
      - HUB 矩阵模式
      - A+B 矩阵模式
    - 短视频运营矩阵管理 PRAC 理论
      - Platform（平台管理）
      - Relationship（关系管理）
      - Action（行为管理）
      - Crisis（风险管理）
    - 矩阵运营注意事项
      - 有清晰定位
      - 风格一致
      - 找准目标人群
  - ④转化法
    - 私域流量与公域流量
    - 私域流量的五大优势
      - 免费
      - 粘性高
      - 可重复利用
      - 随时触达
      - 转换率高
    - 将公域流量转化为私域流量
  - ⑤复盘法
    - 回顾目标
    - 结果对比
    - 分析原因
    - 总结经验
    - 将经验转化为结果
    - 评判结果

6.1　推荐法：上热门的三大核心要素

虽然众多短视频平台的准入门槛比较低，但要想真正将短视频账号运营好，从中分得一杯羹，并非易事。究竟如何才能更好、更快地实现通过短视频平台赚钱的目的呢？有一个实际可行的方法，就是得到系统的推荐——上热门。

6.1.1　维护账号，提升权重

在实际运营短视频的过程中，要想提高账号权重、成为流量高地，就必须遵循短视频平台的算法逻辑，优化账号，提升账号权重。

具体来说，要做到以下几点。

（1）放弃降权的账号

在前文中已经强调过，短视频平台是会“挖坟”的，也就是说，如果你在运营短视频的过程中出现了一些特殊情况，那么，你的账号可能就会被降权。对此，我的建议是，如果你的账号发生了被降权情况，那么你最好尽早放弃这个号。

（2）持续维护

同样地，由于短视频平台推荐算法自带“挖坟”效果，所以一些老视频也会拥有突然蹿红的机会。因此，在运营短视频的过程中，很关键的一点就是一定不要放弃优质视频，并且还要对这些优质视频进行持续的维护，比如评论、点赞、转发等，说不定哪天，你的努力就会换来一夜爆红。

(3) 提升四大指标

前文提到过，短视频平台主要是通过完播率、评论量、点赞量和转发量四大指标来判断你的视频是否值得引荐的。所以，如果想要短视频内容获得平台推荐，那么，就要想方设法地去不断提升这四大指标。

(4) 重视新账号的初期作品发布

按照短视频的算法规则，短视频新账号的前几个视频可以直接决定这个账号的初始权重。而在审核和推荐的过程中，短视频系统往往会更看重那些新账号发布的短视频内容。换言之，新账号的作品推荐率会高于其他普通账号。所以，作为短视频运营者，一定要充分重视新账号的初期作品发布，把控好视频的内容和质量。

具体来说，如果希望自己的短视频内容能登上热门，就一定要记住：如果此视频在1小时内达到100以上的点赞量和5000以上的浏览量，就能得到系统的推荐，登上热门。

6.1.2 热门元素的利用与重组

抖音视频的时长是15～60秒，虽然时间较短，但用户并不会因此随意停留。在短短的视频里，必须有能够在第一时间吸引用户的因素。这种因素有很多，如果你懂得运用镜头语言，可以利用静态镜头的停留吸引用户的注意，抓住用户的情绪；如果你懂得广告创作中的

“吸睛”原理，也可以充分利用用户的兴趣元素吸引其观看。

在短视频创作中，用来吸引用户的常见元素主要有以下六种（见图6-1）。

图 6-1　吸引用户的常见元素

要想留住用户，你的短视频最起码要具备上述六个元素中的一个点。要想吸引大批的用户，那么你则必须要把某一个元素用到极致。当然，如果你的短视频能够具备多个吸睛元素，那么你的短视频也必然能够使大批受众欲罢不能。

在这些常见的元素里，“快节奏”无疑最能反映抖音的特点。抖音特有的快速录影、切镜头等功能，能够使用户更加轻易地创造快节奏的作品，使观众为之着迷。抖音曾经爆火的“手指舞”正是利用了这一特点，让用户不知不觉就沉迷在抖音的世界中。

当一个短视频中拥有多个元素时，这个短视频的关注度也会得到提高。

当一个快节奏的舞蹈视频是由一位高颜值的女性来进行的，就会比普通人跳的舞蹈更受欢迎；当一个宠物类的视频加上有创意的搞笑元素，就会吸引更多的受众，激发人们的萌点；当把现实里的某一类新奇事物搬进视频，就会引发大众的关注，创造出一系列网红产品。

不同元素的组合可以达到1+1>2的效果，使视频能够留下观众，让观众欲罢不能。而如果想合理地创造出具有多重元素的视频，就需要我们有着强大的策划能力，能够高效地利用有限的资源，突出产品属性，创造出优秀的作品。

6.1.3 巧妙植入广告

许多人做短视频的目的是为了实现流量的变现，但是短视频如果被系统判断为“含有疑似广告内容”，就不能获得推荐。那么，这是不是意味着我们在进行短视频运营的时候，为了获得系统推荐、上热门，就不能发布广告呢？

关于这一点，我的答案是可以发布广告，但是，广告植入的方式一定要巧妙。以下提供巧妙植入广告的实用方法。

（1）利用短视频与产品之间的内在逻辑

当短视频运营者想要在短视频中发布广告时，首先要考虑短视频与产品之间的内在逻辑，广告要能融入作品之中。如果放弃了广告的内在逻辑，选择单纯的“高颜值+快节奏视频”，那么这个产品的植入也难以取得成功。

我们都知道异性相吸的道理，在生活中，颜值高的人往往更容易受到异性的关注。但在广告的宣传效果上，帅哥美女们所代言的产品却往往能够吸引同性的目光，与他们自身能够吸引的目标受众恰恰相反。因此，在对短视频中的广告进行策划时，要充分考虑宣传效果，合理地把产品植入恰当的视频中。

(2) 利用短视频所特有的大众化和时效性特点展示产品

当一条广告的软植入难以进行下去时，不妨换个思路，干脆让这条广告“硬”一点，也能有收获不错的宣传效果。短视频所特有的大众化和时效性特点能够带给用户较为真实的视觉体验，起到良好的“带货”作用，抵消硬广给用户带来的不适感。

如果在现实中，一个人经常需要用到铅笔、橡皮这些产品，像是经常需要画草图的美术生，或者是家里有需要写作业的小学生，这个短视频就刚好符合这个人在现实中的需求，从而使之产生兴趣。在看完短视频后，人们会基于需要和兴趣去搜索相关产品，寻找购买链接。

(3) 为产品拍摄有趣的视频

当需要宣传的主体是线下的实体店时，为产品拍摄有趣的视频发布在短视频平台上也是不错的选择。海底捞的走火隐藏吃法、星巴克的特殊点单方式等视频的火爆充分说明短视频对于推广的作用。在进行店铺的推广时，可以设置独特的隐藏菜单，展示店铺的特色活动，也可以在店铺中布置适合自拍的场景，吸引用户的关注。这些方式都是推广店铺的重要手段，可以取得较好的带货效果。

总而言之，想要上热门并不意味着就不能发布广告，而是要求广告发布的方式一定要巧妙。

6.2 通关法：让你的抖音账号成功引流

作为短视频领域的领跑者，不可否认的是，抖音已凭借自己强大的优势成为新崛起的流量池。在这种背景下，许多品牌商都将抖音重新定义为了自己的营销新战场。如何在这个战场中获取流量呢？我们可以使用以下四种通关玩法。

6.2.1 用大号推小号

用大号推小号引流，是之前在朋友圈、微博里常用的方法。把这种方法运用到抖音引流上同样适合。具体来说，在用大号推小号时，我们可以采用以下几种方法：

（1）在抖音视频里@小号；

（2）在大号的抖音主页的“介绍栏”里写上小号；

（3）大号关注中设置小号；

（4）大号给小号点赞，让小号出现在大号的喜欢里；

（5）大号与小号之间互相评论。

需要注意的是，当我们采用大号推小号的方法引流时，我们所选择的小号一定要与大号有关联。比如，如果你大号的内容是推广时尚讯息的，那么你推的小号也一定是与时尚有关的，比如衣服搭配等。

【案例分享】

抖音有一个典型的依靠大号推小号模式火起来的账号，就是“小金刚”。我们随意打开“小金刚”的任何一个抖音，会发现他发布每一条抖音都@了小号，比如@可爱的金刚嫂、@金刚爸、@金刚妈、@万万学姐（老婆的闺蜜）等。在这些账号的互相推介中，它们之间的流量完成了最大效率的转化。

6.2.2　拍摄喜剧视频

因为抖音的用户大多数都是年轻人，所以我们要从年轻人的角度出发，用新颖的形式吸引年轻人的注意力。由于抖音的拍摄模式多变，可以采用分镜头拍摄，也不需要另外的剪辑软件剪辑，所以拍摄难度并不大，非常适合上班族拍摄。

比如抖音里有个爱拍短剧的办公室白领，一有空闲就会跟同事一起拍摄搞笑的视频，偶尔还会把自己公司的产品拿出来开涮，逗得无数粉丝哈哈大笑，这让用户在看视频的同时也加深了对这个产品的印象。

在这一点上，抖音大咖“陈翔六点半”就为我们做出了很好的示范。

【案例分享】

“陈翔六点半”是深受抖友们喜爱的喜剧类抖音大咖，它的定位是生活题材系列短视频喜剧，涵盖了喜剧、爱情、悬疑、古装等多种元素。

翻阅“陈翔六点半”的抖音账号，我们可以发现其抖音平台上的每一条抖音视频都具有共同的特征，那就是通过接地气且极具戏剧性的表演方式，达到让抖友捧腹一笑的效果，并且，这种搞笑风格并不同于“无厘头”风格，在搞笑过后，还能引人思考、回味。

搞笑的内容加上生活化的呈现方式和精湛的表演，也让“陈翔六点半”收获了3704万的抖音粉丝，获赞2.8亿，成为当之无愧的流量赢家。

6.2.3 建立品牌人设

为什么要建立品牌人设呢？因为这样做可以使品牌变得更加立体，更能吸引用户群体，也能迅速增加粉丝黏性。抖音也不例外，为了打造强大吸粉功能的蓝V账号，就必须给账号打造专属人设，走统一风格的路线。

具体来讲，我们在树立品牌人设的过程中，还得参考品牌抖音账号的运营逻辑，其具体流程如下：

（1）先了解品牌客户需求，再根据客户需求设置账号定位，选定账号人设和视频内容主线。

（2）制作优质的视频内容，确定目标用户，提升用户的黏性。

（3）继续用品牌账号发布优质内容，持续吸引目标用户，最后形成抖音自带的粉丝流量池。

在这方面，茵曼就为我们做出了很好的示范。

【案例分享】

例如，茵曼是一个主打清新小资的服装品牌，它的风格似乎和抖音格格不入，因为抖音用户大都偏爱时尚风格。

但茵曼的清新风格却在抖音里运营得非常好，截至2019年5月，它已拥有粉丝67.6万，获得点赞282.5万，其中一个服装视频获得132.1万人点赞，11.7万人转发，可谓战果累累。

能在如此短的时间里有如此大的粉丝增量，茵曼究竟是怎样做到的呢？

方法并不难，其实品牌方在抖音运营的过程中非常有自己的个性，并没有为了播放量就放弃自己品牌独有的风格，依旧按照自己的品牌风格一条路走到底。为此，他们专门邀请了模特建立服饰搭配师的人设，以分享穿搭为主题内容，给粉丝分享衣服的搭配技巧。总的来看，茵曼选择了跟自己品牌相近的清新风格为主基调。

正是因为完美地建立了自己的品牌人设，茵曼才成功将自己打造成了爆款。

6.2.4 制造传播热点

抖音的用户互动率非常高，所以非常适合营销活动的扩散及传播。被动地贴合时下的传播热点，有很大的局限性，传播效果可能并不好，所以，最好的引流方式是我们自己制造热点、成为热点。

【案例分享】

关于这一点最典型的案例应该是由中国国家博物馆与六家地方博物

馆联合抖音一起推出的“第一届文物戏精大会”H5。

大家都知道，5月18日是国际博物馆日，而文物保护又是近几年来人们都十分关心的热点话题。于是，在2018年的5月18日，抖音和七大博物馆联合以“文物戏精大会”为主题推出了H5，当点开H5链接进入之后，就能看到博物馆的文物集体“活”过来，他们栩栩如生地谈天说笑，俨然一个个“段子手”，引得大家哈哈大笑，一时间火爆全网。

与此同时，七大博物馆也用各自的抖音号发起了“嗯，奇妙博物馆”的挑战活动，在该H5的页面最后，又展示了参加这支H5的七大博物馆，点击“下一部戏我来导”，就会出现提示“打开抖音搜索#嗯，奇妙博物馆#”。

据统计，有将近6万人参与了此次挑战活动，联合抖音推出了此次活动的七大博物馆也借此机会涨粉无数。

以上为大家提供了4种抖音引流玩法，只要掌握了这些方法，就不难玩转抖音，制作出受欢迎的内容，并通过内容成功带货。

6.3　矩阵法：打造一个能相互引流的短视频矩阵

如今，许多目光长远的App纷纷加入IP矩阵阵营，比如美团、拼多多、饿了么等，并且都尝到了矩阵的甜头。那么，在运营短视频账号的过程中，我们也可以借鉴这种方法，通过打造一个能相互引流的短视频运营矩阵，去实现快速引流、成功变现的短视频账号运营目标。

6.3.1　常见的短视频矩阵模式

所谓的短视频运营矩阵是指同一公司或同一运营者拥有多个短视频运营账号，每个账号所推广的产品不同或者侧重点不同，账号与账号之间建立连接，通过横向的短视频账号运营策划互相引流，打通粉丝，提升商业价值。

如今，建立账号矩阵是短视频账号运营的大势所趋，很多企业、品牌、品牌商都在短视频运营上开拓了自己的矩阵。归纳起来，目前比较流行的短视频运营矩阵主要有以下四种类型。

（1）1+N 矩阵模式

1+N矩阵为建立产品线主导账号矩阵，由1个主账号和N个子账号构成完整的宣传体系，适用于品牌构成、产品结构较为简单的企业。此模式矩阵能够弱化品牌定位、强化产品卖点，给粉丝留下鲜明的产品特色，能够准确吸引目标受众。

【案例分享】

较为经典的就是重庆旅游短视频运营矩阵，该矩阵由主账号重庆旅游，子账号平安重庆、发现重庆、重庆航空、重庆美食等构成，主要宣传重庆的美食、美景以及各种资讯（见图 6-2）。

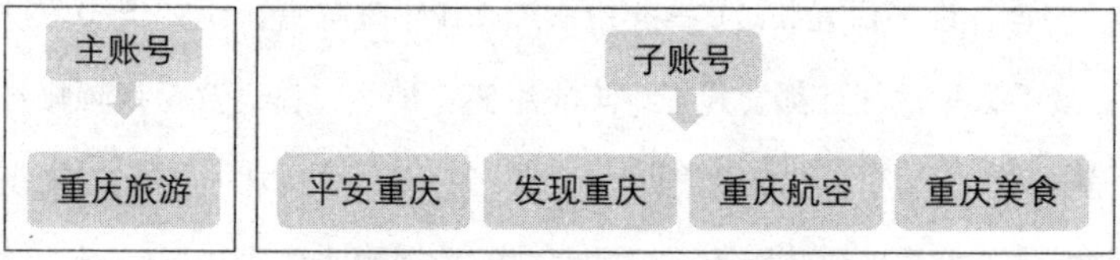

图 6-2　重庆旅游短视频运营 1+N 矩阵模式

（2）蒲公英矩阵模式

蒲公英矩阵指一个官方账号传播信息后，其他多个账号进行转发，再以其他账号为中心进行扩散，适用于旗下品牌较多的企业。

母企业核心账号统一管理多个账号，但是核心账号不能过多干涉子账号，影响子账号运作。同时，子品牌或业务线的目标粉丝既要有特性又要有共性。

【案例分享】

京东的短视频运营矩阵就是蒲公英矩阵模式，主账号为“京东”，子账号有京东金融、京东手机、京东客服、京东图书文娱、京东物流、京东家居、京东超市、京东白条、京东家电情报员、京东生鲜、京东品牌、京东家居生活等，子品牌成为子账号，由核心账号管理，尽管核心账号不会干涉子账号操作，除全国统一宣传外，子账号自行发布与定位相符合的视频内容（见图6-3）。

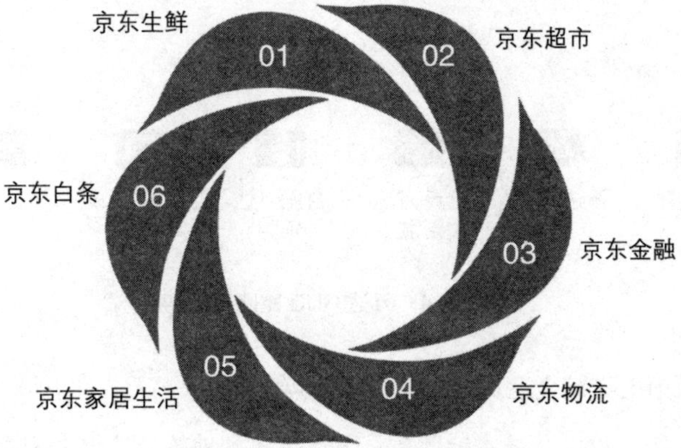

图6-3 京东短视频运营蒲公英矩阵模式

（3）HUB矩阵模式

HUB矩阵指由一个核心账号领导其他子账号，子账号间关系平等，核心账号将信息发送向各个子账号，子账号间信息互不交涉，该模式多出现于分公司和集团分隔比较明显的企业营销策略中。

【案例分享】

万达的短视频运营矩阵就是HUB模式，主账号为“万达”，子账号有万达电影、万达集团、上海万达影城、合肥万达乐园、北京万达广场等。这其中，主账号“万达”单线对这些子账号分别发送信息。比如，当“万达”对万达电影单线发送信息的时候，其他子账号是不接收该信息的（见图6-4）。

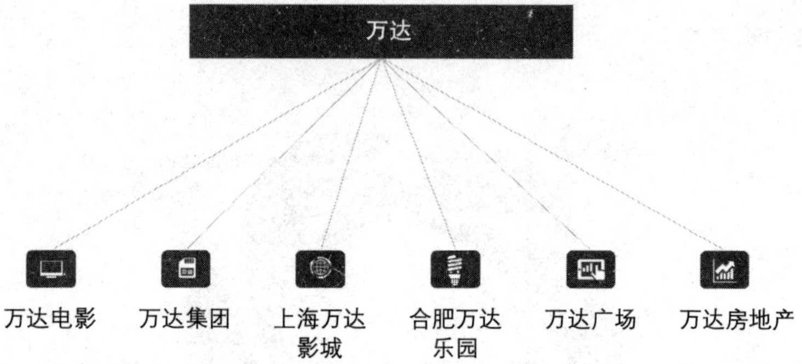

图 6-4　万达 HUB 矩阵模式

HUB矩阵模式运作要注意以下两点：

① 账号可以开展本地服务，吸引更多本地粉丝，与全国类账号在内容和功能上形成互补；

② 账号间从内容选择、粉丝覆盖上要做出差异性，形成地域差异化。

（4）A+B 矩阵模式

A+B矩阵主要为一个形象短视频运营账号和一个品牌短视频运营账号组建成的，是以品牌形象塑造、维护为目的的短视频运营矩阵。

该矩阵模式在营销方面的作用表现为：

① 一正一辅，两个账号同时发力。不过各账号定位要清晰，避免信息混乱。

② 一硬一软，硬指硬广告，直接在账号上给品牌或产品打广告。

软指软植入，通过情景演绎或模仿热点视频插入广告信息。

【案例分享】

当当网建立的短视频运营矩阵就是典型的“A+B”模式，即形象短视频运营账号“当当图书”和品牌短视频运营账号“当当网”。

6.3.2　短视频运营矩阵管理 PRAC 理论

作为短视频的运营者，相信大家已经对短视频运营矩阵有了更深入的了解，那么我们又该如何去打造自己的短视频运营矩阵，实现成功引流呢？

其实，短视频运营矩阵的思维主要来自于企业资源整合营销PRAC理论，也就是企业微博整合营销理论，包括Platform（平台管理）、Relationship（关系管理）、Action（行为管理）、Crisis（风险管理）四个关键点（见图6-5）。

图 6-5　企业资源整合营销 PRAC 理论

在PRAC法则中，作为主平台，短视频运营主账号在矩阵中起着领导作用。在矩阵营销中PRAC法则具体操作方法有以下几种：

（1）平台管理 (Platform)

因为短视频运营矩阵中拥有多个账号，为防止各账号间角色混乱，或者自说自话，必须有一个主账号负责领导、管理各账号的角色扮演。其他账号则作为推广或者客服账号，服务于矩阵的主账号。

（2）关系管理 (Relationship)

短视频运营各账号间进行良性互动，“动”起来才能发挥矩阵的最大效果。但是许多短视频运营矩阵在运营过程中都存在这样的问题，各账号自娱自乐，彼此之间没有互动，不注重各账号的关系管理，如此一来，矩阵最大的作用引流和助推主账号的作用都没有发挥出来，造成了资源的浪费。

（3）行为管理 (Action)

矩阵的行为管理主要有吸引流量、产品营销、品牌推广等，各个短视频运营运营者都要涉及这些内容，而且需要团队进行有效管理和运营操作。

（4）风险管理 (Crisis)

短视频的矩阵运营也存在一定的风险，其主要风险来源于粉丝言论，如果粉丝有很大的不满情绪，账号就有了危机。而且一个账号出现粉丝危机，其他的账号也可能被牵连。因此，运营者要及时引导舆论，对粉丝的不良情绪进行疏导，及时处理粉丝的不当言论，短视频运营电商要时刻关注这一问题，及时处理危机，避免危机进一步扩大。

6.3.3 矩阵运营注意事项

在打造短视频运营矩阵的时候，还要注意以下问题。

（1）各个短视频运营账号要有清晰的定位

短视频运营矩阵作为一个团队，每个短视频运营账号都要有属于自己的定位，只有在特定的系统环境下找准自己的方向，账号才能在团队中有不可替代的地位。而且短视频运营账号在发展过程中要按照角色定位进行规划。

短视频运营矩阵中每个账号都得扮演一个角色，不管是主动还是被动，每个角色特点和作用不同，其角色的发挥对矩阵团队有着引流的重要作用。因此，短视频运营矩阵在做顶层设计时，就要进行定位。

【案例分享】

例如，西安市开通的各种官方账号，总体是为西安旅游发展委员会服务的，其他账号的作用就是打造西安好形象，给西安旅游引流。一个城市要吸引游客，不只靠美景，也要靠美食。短视频运营账号“吃在西安”扮演的就是引流者角色，拍摄各种西安美食吸引粉丝，让粉丝通过美食去了解西安，关注西安旅游发展，达到促使粉丝去西安旅游的目的。

（2）矩阵内的账号风格要一致

在短视频运营矩阵的运营过程中，品牌商切记矩阵内账号不能太杂、混乱，风格必须保持一致，不能相差太多。同时，运营者要仔细斟酌短视频运营视频的内容，创作要足够吸引用户，以便吸引更多的粉丝。

（3）子账号要找准目标人群

短视频运营矩阵的每个子账号具有两个身份：第一，独立者，自己是一个能产生价值的账号；第二，助力者，帮助主账号实现引流的目的。因此，矩阵中的子账号在运营过程中应当找准目标人群，根据目标人群进行准确定位。

总而言之，现如今单打独斗很难有大作为，短视频运营矩阵更加注重团队协作、共同发展。因此，运营者要有效利用短视频运营矩阵的优势，推动各个短视频运营子账号取得更大的发展。

6.4　转化法：将公域流量转化为私域流量

短视频带货的底层逻辑是获取流量，流量在哪里，销量就在哪里，没有流量，就犹如空中楼阁，产品再好，主播再厉害，直播策划再完美，也不管用。

那么，流量从何而来？如何让流量产生最大价值呢？答案就是：把公域流量转化为私域流量。

6.4.1　私域流量为何物

在回答私域流量到底是什么这一问题之前，我们不妨先来了解一下什么是流量池。顾名思义，流量池就是指拥有巨大流量、可以源源不断获取客户的渠道，淘宝、百度、抖音、微博等都是流量池。

根于流量池属性的不同，又可以将流量分为公域流量和私域流量两大类。

所谓的公域流量，顾名思义就是各大流量平台上的公共流量，它是大家共享的，而不属于企业、品牌或个人，如果我们想要获取，就必须花钱去“买”。公域流量的范围很广，比如，前面提到的淘宝、百度、抖音、微博，以及大众点评、美团、58同城等地域服务性质平台上的流量等，都属于这一类流量。

与公域流量相对应的便是私域流量。简单来说，所谓的私域流量，就是指企业、品牌或个人私有的流量池把平台上的流量引导或存储起来，变成自己自主拥有的流量。比如，一些通过微信朋友圈分享后进直播间的用户，观看淘宝直播后进入店铺群的粉丝，等等，就属于私域流量（见图6-6）。

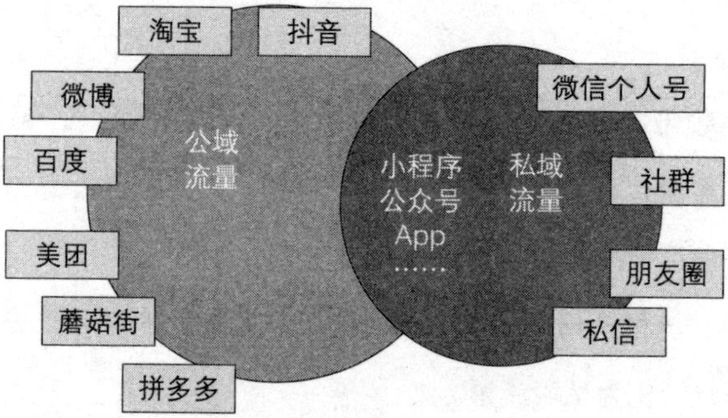

图 6-6　公域流量 VS 私域流量

6.4.2　私域流量的五大优势

据统计，如今，我国有近10亿互联网用户，这些用户平均每天在线时间接近5小时，他们在网上社交、购物、追剧、打游戏、看视频，这些渠道每天都会产生难以计数的流量。

如果我们把互联网想象成漫无边际的汪洋大海，那么，那些徜徉在互联网世界中的上网用户就是大海中自在畅游的“鱼”。这些“鱼”所有人都可以凭本事去捕捞，或者花钱去雇人捕捞。而随着“捕鱼”的人越来越多，“捕鱼”的成本也越来越高。

按照这样的理论，把公域流量转化成私域流量的过程，实际就是借助一定的方法，从“大海”中引流，把原本生活在公共领域的“鱼”引入自家池塘中进行饲养的过程。

相较于畅游于汪洋大海中正被越来越多的人捕捞的“鱼”，养在自家池塘中的“鱼”无论是捕捞成本，还是管理成本都更低，且更便于亲密接触、培养感情、产生信任。

总结起来，相较于公域流量，私域流量主要具有以下五大优势（见图6-7）。

图 6-7　私域流量的五大优势

从图6-7中不难看出，通过沉淀和积累而获得的私域流量，是比公域流量更精准、转换率更高的优质流量，它是企业、品牌或个人的私有数字化资产。

在进行短视频引流的过程中，如果能够巧妙地使用技巧和策略将公域流量池中的流量引入到自己的私域流量池，那么，就拥有了更强的吸粉能力。

6.4.3　如何将公域流量转化为私域流量

养在自家“鱼塘”的“鱼”固然好，但前提是，你得想办法把畅游在“汪洋大海”中的“鱼”捕捉到自己的“鱼塘”。

对于短视频运营而言，流量很重要，流量的转化率更加重要。尤其是对于那些刚开始尝试通过直播去卖货的主播而言，如何获取高转化率的流量更是亟待解决的第一道难题。而在这一点上，小米就为我们做出了很好的示范。

【案例分享】

通过建立微信社群，在正式开始短视频运营之前，小米积累了一大批忠实粉丝，成功将公域流量转化成了有购买意向、高转化率的私域流量。这关键的一步，也为小米后来的直播带货打下了坚实基础。

这种通过将QQ、微博、微信、抖音、小红书、蘑菇街等具备链接价值、用户重点关注的自媒体平台充分利用起来，构建自媒体矩阵、建立社群、打造个人IP、积累忠实粉丝的做法，也是将公域流量转化成私域流量的常规做法。

其实，从表面上看，互联网上似乎有无数个流量渠道，目标用户分散在其中，积累私域流量也难以下手。但实际情况并没有这么复杂，因为90%的用户都聚集在最常见的那几个渠道中，比如微信、微博、百度、淘宝、京东、抖音、拼多多、美团等。因此，在建立自己的私域流量池时，我们只需要抓住几个主要渠道，并利用这些渠道的特点和规则，构建自媒体矩阵、建立社群、打造个人IP、成功引流就可以了。

需要注意的是，在采用这种方式积累私域流量时，一定要对自己做好精准的定位，并且这个定位一定要符合自己接下来要带货的产品属性。只有这样，我们所积累的私域流量才会具有更高的转化率、更有价值。

最后要强调的是，建立私域流量并不是一件一劳永逸的事，引流到自家“池塘”的“鱼”也随时都有可能游走，而要想避免私域流量流失和枯竭，在稳定引流的同时，还要持续不断地向用户输出价值，不断地与用户互动，建立起牢固的信任关系。

6.5 复盘法：深度思维演练，成为大 V

在管理学中常常会提到“复盘”这个词汇，进行复盘不仅能对项目整体规划和进度有更充分的认识，也能学习和收获更多专业知识，认清自己的不足，找出需要改进的地方，从而更好地制定出优化方案。在运营短视频账号时，要想迅速引流，我们同样要对短视频运营进行复盘。

6.5.1 回顾目标

不科学的目标往往是失败的第一步，所以短视频运营复盘的第一个环节就是要回顾目标，弄清楚我们运营短视频的目的是什么。这样做的目的是为了不断检验我们的目标是否科学，并且在这个过程中不断去总结和优化我们的短视频运营目标，使之更合理、更准确。

回顾目标究竟有多重要呢？我们不妨通过回顾目标而得到更好运营结果的成功案例一起来了解一下。

在运营短视频运营的时候，我们究竟应该怎么进行目标回顾呢？我认为要做到以下两点。

（1）定义目标问题

解决问题是复盘的本质，而要做到这一点，在回顾目标的时候，我们首先要做的第一步便是要弄清楚“原定目标”和“现有结果”之间的差异，这个过程其实就是在“定义问题”。只有准确定义了目标问题后，下一步，我们才可以根据这个目标问题去有的放矢地分析原因、寻找解决方案并开展后续行动，从而制订更科学的目标计划。

（2）对目标复盘的结果和方案呈现

当完成了定义目标问题这一步后，接下来我们要做的，就是要对目标复盘的结果和方案进行呈现。

在这一步中，我们需要弄清楚以下三个问题：

What：目标是什么？

Why：目的是什么？

How：实现的策略/路线是什么？

在这三个问题中，最重要的当属策略和路线，它也是目标复盘最需要解决的问题之一。

在这个过程中，我们要做的就是要对这个描述进行总结和解析，找到造成目标无法达成的具体原因。通常，这个原因可以从我们所运营的短视频运营类型、粉丝属性、发布时间、视频内容等角度去分析。

找准原因后，接下来就要制定改进策略和路线。例如，在有限时间内只靠一种视频内容很难获取大量粉丝；发现无特效视频获赞量较少，无法达到预期成果。找出这些问题后，制定有效方法并回归到目标订制中，短视频账号运营者要根据粉丝属性、时间长短和视频内容制定科学合理的目标，使短视频运营更具专业性。

6.5.2 结果对比

结果对比也是短视频运营复盘的一个重要步骤。所谓的结果对比，简单来说就是指通过对结果与目标进行对比，去发现结果与目标之间可能会产生的差距。

一般来说，结果与目标之间会存在以下四种关系（见图6-8）。

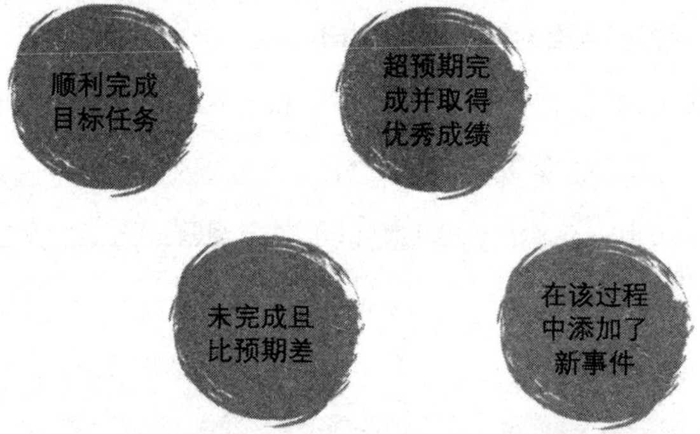

图 6-8 目标和结果之间可能会存在的关系

需要注意的是，结果对比的目的并不是单纯为了发现差距，而是要发现问题。

一些短视频账号运营者在复盘时，往往只是对表面数据（点赞、粉丝量、转发量等）进行了分析，而并没有全面地分析运营的诉求以及投入产出等目标维度，所以就很难发现短视频账号运营存在的问题。这样的复盘，显然是没有任何意义的。

所以，为了使短视频账号运营得更加顺畅，当我们在进行结果对比的时候，必须注重实战，从根源去查找问题。

一般来说，结果对比又可以分为两个步骤。

（1）陈述结果

陈述结果主要是进行数据的展示。这也就意味着，在进行复盘的时候，我们必须将所有的数据都毫无保留地展示出来，并且还要对实际结果数据与目标数据进行对比，以便能够更直观地看出结果是否达到预期。

此外，为了让结果评估的数据更客观、更准确，在进行数据陈述的时候，我们还可以尽可能多地引入外部典型项目样本。

（2）找出亮点与不足

做好结果陈述后，接下来要做的就是通过对比找出运营过程中的亮点和不足。

需要注意的是，在复盘的结果对比环节，并不需要提出方法，而仅仅只需要描述结果即可。

6.5.3 分析原因

结果对比完成之后，接下来就要进行深刻的复盘了，简单来说，就是要弄清楚究竟是什么原因阻碍了目标的实现。

分析原因一般可分为以下三步来进行。

（1）叙述过程

叙述过程涉及整个短视频运营团队，其目的是向所有参与复盘的工作人员讲述事情经过，从而为大家创造讨论基础。

（2）自我剖析

自我剖析简单来说，就是要分辨事情的可控因素，弄清楚是自己负责的部分出现了问题，还是其他人负责的部分存在问题。复盘人员在进行自我剖析时，一定要客观，做到不给自己留情面。

（3）众人设问

所谓的众人设问，就是指通过团队的视角设问，突破个人认知的边界。在众人设问环节，要做到探索多种可能性。

6.5.4 总结经验

当我们在做短视频运营复盘的时候，最重要的关键核心便是要从行动中总结经验教训，并有的放矢地进行进一步的改进优化。

具体来说，在进行复盘总结的时候，一定要明确以下几点：

在总结经验中，我们需要知道从过程中学到了什么新东西？

如果有朋友在运营短视频账号，我们能给他什么建议？

接下来的运营工作，我们将如何开展？

哪些方案是我们可以直接行动的？

此外，为了判断复盘的结论是否可靠，在复盘的过程中，我们还应该多问自己以下问题：

复盘的结论是否排除了偶发性因素？

复盘结论是指向人还是指向事？

是否有类似事件的复盘结果可以进行交叉验证？

需要注意的是，在现实的复盘中，很多人总是容易犯一个常识性的错误，那就是简单地把复盘和总结画等号。事实上，复盘是一个结构系统化的学习流程，而总结只是其中的一个部分。

6.5.5　将经验转化为结果

复盘要想真正发挥作用，就必须落实到具体的行动计划中去，并且保证得到有力的执行。简单来说，就是要将经验转化为结果。

具体来说，在将经验转化为结果的过程中，必须要兼顾以下几点。

（1）开始做什么

根据经验教训，为了挽回损失、改进当前的运营现状及未来行动，短视频运营人员可以开始做什么事情。

（2）停止做什么

短视频运营人员通过复盘，可能会发现部分做法不当，那么这些不当的做法，就是需要停止的做法。

（3）继续做什么

短视频账号运营团队要找出表现良好或者需要继续保持下去的运营做法，然后坚持下去。

6.5.6　评判结果

完成总结经验这一步骤，复盘基本结束。但是这并非终点，还需要有结果评判标准，通过标准判断复盘效果。只有评判结果到位且有效，才说明复盘是正确且有价值的。

那么，复盘结果评判应该如何进行呢？一般来说可以参考以下方法。

（1）对复盘结果进行假设

在假设复盘结果时要做好两种准备：正面假设和负面假设。正面假设就是指有效运营方法和运营结果；负面假设则须列出可能出现的负面信息、不良影响等。

（2）做测试版实战

运营者要根据复盘结果做测试版，不管是产品开发还是做短视频运营都适用。测试版也是实战版本，在测试实战中可以清楚看到复盘结论，如此运营才是有效的。

总之，对于短视频运营来说，复盘的结果评判很重要，它对于整个短视频运营运用的程序和流程都具有举足轻重的影响。

第7章

短视频+直播：

5G 红利下，各行各业带货的利器

有人这样总结到："3G 是图文时代，4G 是视频时代，5G 是播商时代。"短视频与直播相结合的模式，已经成为行业主流。这也意味着，短视频运营者要想抢占市场先机，实现流量变现，一定要拿起直播这一利器。

短视频 + 直播：5G 红利下各行各业带货的利器

- ①短视频 + 直播：带货的标配
  - 短视频 + 直播的优势
    - 拓展新渠道、挖掘新客户的重要突破口
    - 强化“网红效应”的不二法则
    - 解决信息的不对称问题
  - 短视频 + 直播的发展现状
    - 前景广阔
    - 淘宝、抖音、快手三分天下
    - 二八分化明显
- ②开启短视频直播的六大流程
  - 流程一：调整心态
  - 流程二：商品调研
  - 流程三：熟悉直播平台规则
  - 流程四：直播脚本策划
  - 流程五：试播
  - 流程六：发布直播预告
- ③直播涨粉技巧
  - 新主播吸粉最有效的三个妙招
    - 发红包
    - 抽奖
    - 秒杀
  - 直播间涨粉的四大技巧
    - 展现良好的互动仪态
    - 幽默风趣
    - 回馈、感谢粉丝
    - 明星造势
- ④直播间的销售话术
  - 直播卖货的 FAB 法则
  - 直播间的五步销售法
    - 提出问题
    - 放大问题
    - 引入产品
    - 提升高度
    - 降低门槛
  - 直播间常用话术
    - 开场话术
    - 直播中话术
    - 结束话术
- ⑤直播间“翻车”应对指南
  - 主播必备的应变能力
    - 话题掌控力
    - 临场反应能力
    - 负面信息接纳能力
  - 直播间常见“翻车”问题
    - 技术故障
    - 产品问题

7.1　短视频 + 直播：带货的标配

当直播逐渐演化出更多形态，不再仅仅局限于游戏直播、颜值直播时，反应机敏的短视频行业，迅速抓住了这一苗头，开始用直播来带货。

7.1.1　短视频 + 直播的优势

应该说，“短视频+直播”模式无论是从市场选择还是用户需求来看，都已经成为一种不可逆转的趋势，它不再是个人或是企业运营短视频、利用短视频营销的选配，而已经成了个人或是企业运营短视频、利用短视频营销的标配。

之所以这样说，主要有以下几大原因：

（1）“短视频 + 直播”模式是企业拓展新渠道、挖掘新客户的重要突破口

在传统的商业模式中，大多数企业已经陷入一种困境：新用户获取成本逐渐升高，老用户也在不断被其他商家“撬走”。据最新数据显示，目前大多数传统商家的新客获取成本已经达到了至少数百元，获客成本正带给广大传统企业巨大的经营压力。

以往传统企业吸引新用户的渠道通常是“平面广告”“视频贴

片”“网站引流”等，而这些宣传渠道的竞争成本日益增高，且这些渠道的获客效果逐渐下降，寻找新的获客渠道已经成为每个传统企业都面临着的艰巨任务。

“短视频+直播”模式，在2019年成为风靡全民的娱乐或消遣活动，其作为一种新兴事物，自身就带着不可比拟的话题性和关注度，这些因为好奇走进“直播间”的用户，都属于潜在用户，极有可能成为企业的新客。

在陷入困境与寻找出路之间，“短视频+直播”模式已经成为各个企业拓展新渠道、挖掘新客户的重要突破口。

（2）“短视频+直播”模式是强化“网红效应”的不二法则

随着移动互联网的快速发展，“网红”这个词中所蕴含的隐形经济价值已经开始超乎我们的想象，虽然“网红”们受到很多人的诟病，但他们所带来的效应，已经席卷了目前的经济浪潮。

而最快打造“网红”的方式，无疑是通过“短视频+直播”的模式。

【案例分享】

短视频界的“一姐”papi酱，在原创短视频爆火之后，除了持续更新一些角度新奇、内容幽默的短视频之外，也开始接触直播，并全方面发展，将“网红”效应发挥到最大化（见图7-1）。

如今，papi酱已经不仅仅是一个短视频运营者，更是短视频MCN[①]

① MCN（Multi-Channel Network）是一种多频道网络的产品形态，是指将PGC（Professional Generated Content）内容联合起来，在资本的有力支持下，保障内容的持续输出，从而最终实现商业的稳定变现。

机构“papitube”的联合创始人。

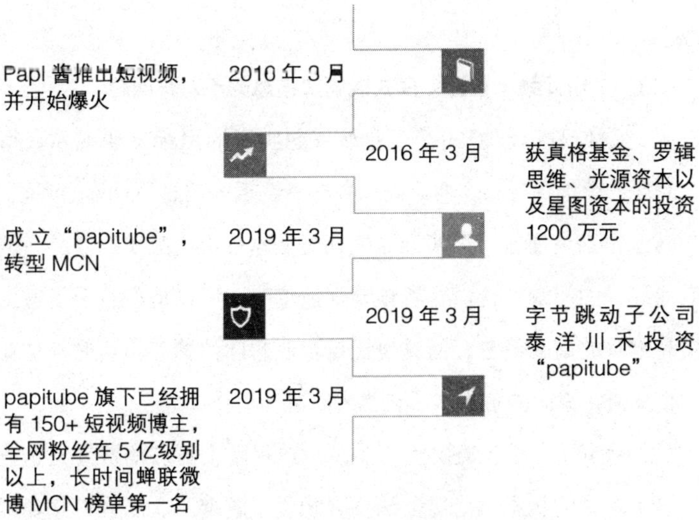

图 7-1　papi 酱的发展史

由此可见，“网红效应”发展到最大化，能够带来无限的效益。

事实上，papi酱们只是狭义的“网红”，广义的“网红”是指，只要能在现实或网络生活中因为某个事件或某个行为而被网民关注、走红的都能称之为“网红”。

在中国的企业中，除了打造专业“网红”之外，还可以让企业创始人作为公众人物为品牌发声。而发声的媒介，就是“短视频+直播”。

【案例分享】

小米创始人雷军早期会在“B 站”上发布视频，或是在微博上宣传小米的产品，后来直接开始“直播卖货”，都取得了一番成就，扩大了小米的影响力，增强了用户对小米的信任感。

（3）“短视频＋直播”模式能解决信息的不对称问题

无论是何种运营模式，企业最终想实现的目标是变现和获得利益。而现如今消费者与企业之间，存在着严重的信息不对称的问题。

对于消费者而言，购买商品的初衷是享受更高品质的商品，但传统商业环境的闭塞，让消费者频频“被骗”，所以他们急于了解更加真实、客观的商品信息，而这也正是企业想向消费者传达的，企业需要一个渠道，来向消费者展示自己的产品。

“短视频+直播”的模式，会在一定程度上打破消费者与企业之间信息不对称的状态，衔接上消费者想要了解商品、品牌方想要告知消费者商品的故事、平台方想要告知用户最好的购买渠道的需求圈，是三方共赢的选择。

（4）“短视频”与“直播”相辅相成，最大限度为平台带来了流量

单纯的直播模式，是一种很典型的网红模式，平台给主播提供场所、提供流量，而主播就陷入一种吸粉、变现、再吸粉、再变现的循环中。观众们愿意为直播买单，多半是出于对主播个人的喜欢，但随着直播行业的发展，主播之间的竞争愈发激烈，越来越多的人开始成为主播，而吸引了大量粉丝和流量的，往往是头部主播的直播。

同时，一场直播的时间往往比较长，很少有观众能够从头到尾坚持下来，有时有的观众只看到了开头就离开了，有的观众来晚了，只看到了结尾。而短视频则能够以其“短小精悍”的特点，让受众在短时间内获得重要信息，还不受时间限制，随时都可以观看。

而“短视频+直播”的模式，则有利于这两者互相弥补短板。短视频内容原创、用户留存时间长，直播则打破了评论的限制，主播与粉丝可以在线交流，增加了互动性，拉近了与观众之间的距离。

短视频与直播，可以说相辅相成，最大程度地为平台带来了流量，也为内容创作者带来了关注，为我们实现内容变现打下了坚实的基础。所以未来直播将成为短视频的标配，短视频也将成为直播不可或缺的功能。

7.1.2　短视频 + 直播的发展现状

随着短视频直播的发展，越来越多的用户开始涌入短视频平台。那么短视频直播目前的发展状况如何呢？通过对以下三个方面内容的分析让我们来一探究竟。

（1）用户分析：短视频 + 直播前景广阔

首先，我们要对观看短视频直播的用户进行详细的分析。从整体上看来，短视频+直播的用户群体非常广，其未来的发展前景也很可观。之所以这样说，主要有两方面的原因。

① 平台用户在不断增多、下沉。

在调查了众多用户之后，我们发现，在观看短视频直播的人群中，男士占据了61%的份额，女士占据了39%的份额；大部分观看短视频直播的都是“80后”“90后”和“00后”，以年轻人为主（见图7-2）。

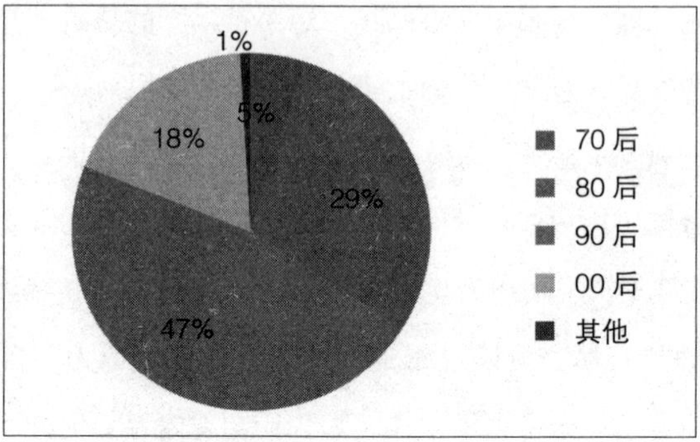

数据来源：21 测评实验室

图 7-2　观看直播用户的年龄层划分

另外，短视频直播平台的用户大多分布于一、二线城市，也拥有少部分三、四线城市的用户，目前平台的用户也在不断下沉，用户也在不断增多。

② 平台用户观看频率高。

在这个短视频直播逐渐风靡的时代，我们发现，人们观看短视频

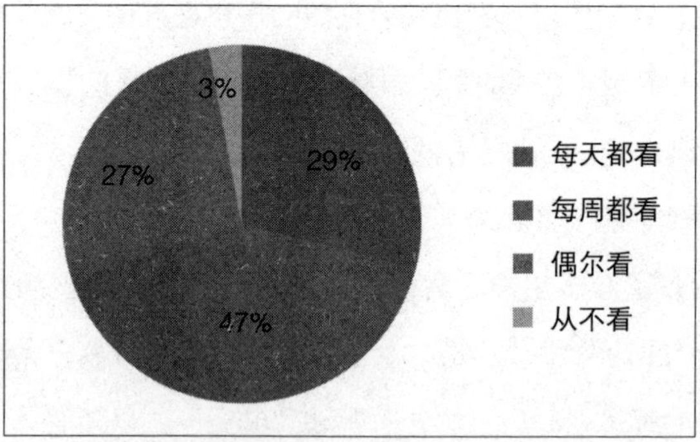

数据来源：21 测评实验室

图 7-3　人们观看短视频直播的频率

直播的频率也非常高。只有3%的人群表示自己从不看短视频直播，大部分人每周甚至每天都看短视频直播，这也就意味着，短视频直播拥有不少的忠实用户（见图7–3）。

③ 平台用户的购买意愿强烈。

同时，人们不仅观看短视频直播，还愿意通过主播的推荐去购买商品。超过50%的短视频直播用户表示，在观看直播时，很容易被主播的推荐话术吸引。总结一下，用户在观看直播时，很容易因为以下五种原因在直播间购买商品（见图7–4）。

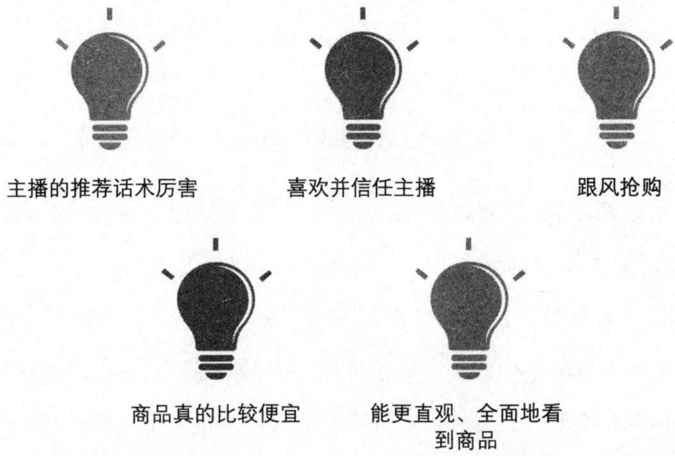

图 7–4　用户在直播间购买商品的主要原因

短视频直播的质量良莠不齐，售卖的商品种类也有所不同，主要还是服装、生活用品、美妆护肤品和食品等。通常情况下，用户观看直播时，会购买很多不同种类的商品，有的用户甚至会在同一场直播中购买数十种商品（见图7–5）。

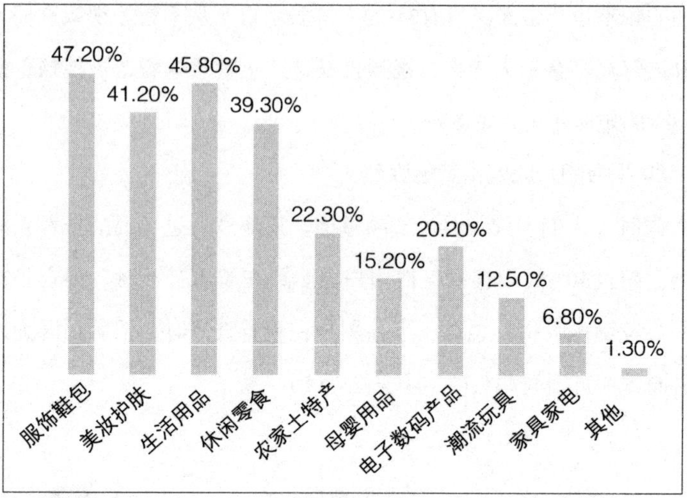

数据来源：21 测评实验室

图 7-5　用户在直播间购买的商品种类占比

通过图7-5我们可以发现，大件商品和不常用的商品，人们很少会在直播间内购买，常见、常用的商品成交率会更高。

通过对观看短视频直播的用户的分析，我们可以得出这样的结论：观看短视频直播的用户数量较多，多为年轻人，这些人观看短视频直播的频率较高，容易被短视频直播吸引，也乐于在直播间购买商品，购买商品的种类也十分丰富。

（2）短视频直播行业分析：淘宝、抖音、快手三分天下

目前用户观看短视频直播的平台，主要是淘宝、抖音和快手，另外微信、京东和拼多多也开始逐步发展直播业务（见表7-1）。

淘宝直播可谓电商直播行业的先驱，目前也是电商直播中最为典型和发展态势最好的平台之一。目前电商直播的多数头部主播，都在淘宝上直播，例如李佳琦、薇娅等。

抖音作为后起之秀，在利用众多优质短视频内容打开局面之后，也开始打开直播卖货的道路，邀请了众多自带流量的明星、名人加入抖音直播卖货中。

快手以“接地气”的“老铁”效应作为契机，让用户在喜欢短视频运营者的同时，能够接受他们成为带货主播，并购买他们推荐的商品。

表 7-1　淘宝、抖音、快手直播现状分析

直播平台	淘宝	抖音	快手
电商载体	淘宝	淘宝、天猫、京东、抖音小店	淘宝、天猫、京东、拼多多、微信商城、快手小店
定位差异	电商 + 直播	内容 + 电商	内容 + 电商
DAU（日活跃量）	2 亿	4 亿	3 亿
GMV（成交总额）	日均 2.2 亿元，全年超 2000 亿元	日均 2000 万元，全年约 100 亿元	日均 1 亿元，全年约 400 ~ 500 亿元
转化率	较高	较低	中等
流量特征	以购物为目的；主要转换了手淘 App 内部存量流量	偏公域流量；主要依靠短视频内容引入	偏私域流量；主要依靠“网红”名气引入

(3) 短视频主播分析：二八分化明显，头部主播稀缺

虽然短视频直播行业发展得如火如荼，但看来看去，我们就会发现，头部主播只有那么几个，这些头部主播的带货数据，可以说几乎撑起了整个平台的直播“门面”。剩下的大部分小主播，不仅籍籍无

名，直播间转化率也一般（见表7-2）。

表 7-2　三大短视频直播平台头部主播及其主要活跃平台上的粉丝数量

（统计日期截至 2020 年 7 月 9 日）

直播平台	头部主播代表		
淘宝	李佳琦 Austin 2830 万	薇娅 viya 2849.3 万	雪梨 _Cherie 1398.2 万
抖音	郭聪明 4290.5 万	高火火 4346 万	罗永浩 1225.3 万
快手	辛巴 5173.7 万	散打哥 5096.1 万	方丈 2988.1 万

通过细致地调研，我们对淘宝、抖音和快手平台上的主播人数及特征进行了分析（见表7-3）。

表 7-3　电商直播平台上的主播构成（统计时间截至 2020 年 4 月）

电商直播平台	主播人数	主播结构	主播画像
淘宝	约 1.6 万人	头部：12 ~ 22 人 腰部：1000 ~ 2000 人 尾部：1.5 万人	女性：65% 男性：35% “80 后”：30% “90 后”：50%
抖音	5.5 ~ 10 万人	头部：200 人 腰部：2000 ~ 3000 人 尾部：5 ~ 10 万人	女性：58% 男性：43% 18 ~ 24 岁：42% 25 ~ 30 岁：29%
快手	约 5.5 万人	头部：50 ~ 60 人 腰部：3000 ~ 4000 人 尾部：5 万人	女性：48% 男性：52% 18 ~ 24 岁：40% 25 ~ 30 岁：25%

我们发现每个平台上的头部和腰部主播都比较欠缺，这对我们运营者来说未尝不是一件好事，只要我们坚持打造优质、有看点的直播，就有可能跻身为头部主播，成为短视频直播界的KOL。

通过上述分析，我们发现，短视频直播既有流量，转化率也非常高，具有广阔的发展前景，同时，短视频直播平台呈现良性竞争态势，有利于我们运营者加入其中，并极有可能做出一番事业。

7.2 开启短视频直播的六大流程

当我们的短视频粉丝数量累积到一定程度时，直播便是我们需要考虑的下一步计划，但我们如果贸然就开启直播，不仅无法获得用户的关注，还极有可能因为准备不充分，在直播中出现失误引起粉丝的反感。事实上，开启直播之前，也有几大流程，需要我们一一践行。

7.2.1 流程一：调整心态

作为一个充满挑战也充满无限可能的职业，短视频直播的门槛并不高，但在我所接触过的主播中，我发现那些最终能在直播卖货的道路上不断前行的主播，往往都具有非常好的心态。而很多主播难以将直播事业坚持下去的原因，通常是因为他们有着如下的心态：

把直播当成玩乐，随性对待；

态度消极，直播时被个别人骂就丧失信心；

内心烦躁，一言不合就开始骂人；

功利心过强，粉丝不购买推荐的产品就生气……

这些心态大大地影响了直播的效果，所以在加入直播队伍之前，主播一定要首先调整好自己的心态，心态的好坏，往往成为直播效果好坏的关键。

具体来说，在开始直播前，主播应该具备以下三种心态（见图 7–6）。

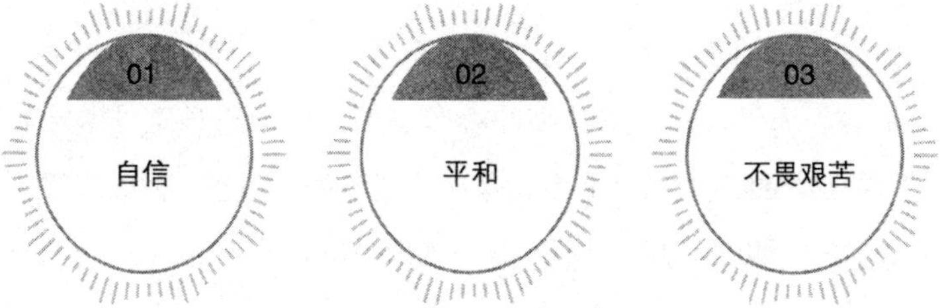

图 7–6　主播应该具备的三种心态

（1）自信

一个自信的卖货主播，在直播的过程中，往往能够更好地把握直播的进程和节奏，并通过自身散发出来的自信去打动用户，让客户对价格、产品和品牌产生信服，引导客户签单。而一个缺乏自信的主播，则会把这种不自信间接地传染给用户，让用户对产品、对价格甚至是对主播本身产生顾虑和怀疑，这样的主播，带货能力又从何而来呢？

（2）平和

当有些人在现实生活中背负了太多压力时，他们常常会在网络世界中寻找发泄的对象。而直播这种高度开放的互动方式，让主播们首当其冲成了“网络喷子”的发泄对象。在面对观众的质疑与无端谩骂时，我们必须保持平和的心态，既不能与他们对骂，也要思考他们所说的问题是否真的存在，以理性的思维对待。

（3）不畏艰苦

直播并不是一件轻松的事情，有时连播12个小时也没有几个人观看；有时会得不到合理的报酬；有时还会受到观众的指责、批评；有时一场直播下来眼睛酸痛、腰都直不起来。这些都是我们在直播中需要面对的事情，而解决这些问题的首要前提是，不畏艰苦，不轻言放弃。

稻盛和夫说过："改变你的心态，你人生的色彩才可以绚烂夺目。"把这句话运用到直播中就是："调整你的心态，你的直播才可以更精彩。"调整心态，是我们开启直播的第一步。

7.2.2 流程二：商品调研

我们直播的首要目的是带货，既然要带货，首先就要对"货"进行调研。通过短视频账号进行的直播与其他的直播略有不同，因为受众主要是关注我们的粉丝，这些粉丝多半是因为喜欢我们的短视频才进入直播间，所以直播卖的商品，要与我们的短视频定位相符。

例如，短视频内容主要是健身教学，这时直播时售卖的商品一定不能选择高脂肪、高热量的食品，因为我们的粉丝主要是健身人士，应该尽量避免食用高热量食品。此时我们可以从健身服装、健身设备等方面选择。

如果我们拿不准自己应该选择何种类型的商品，那么在直播之前，我们可以到各大平台去翻一翻同类型的内容和账号，分别列举出部分做得好的账号和做得不好的账号，最好是找到对标账号和内容，在他的基础上进行优化和创新。

事实上，这种方法就是我们所常说的“竞品分析”，即要在正式实施直播之前，要找对标竞品，调研同类账号。

在分析竞品的过程中，注意以下三大核心内容，可以帮助我们判断自己的直播属性，找到准确的定位。

（1）用户习惯

用户习惯和消费体验决定直播账号所能达到的战略高度。我们要对竞品的用户行为、消费、体验、情感等进行分析，既进入其直播间观察其主播的营销方式，研究其定位、用户角色，还需要对购买该直播间产品的用户进行口碑调查，从而揣摩直播平台的用户习惯，找到用户喜欢的点，运用在自己的直播平台上，培养出用户习惯。

（2）核心价值

核心价值是自己直播账号的核心竞争力，我们要给直播的设计、细节、定位等赋予价值，这个价值可以让用户在使用过程中停留，并产生购买产品的心理。

（3）延伸服务

延伸服务做得好可以帮我们获取更多的益处，有很多竞品之所以比我们做得好，可能不是因为直播账号的原因，而是直播间的互动、售后服务等做得好，更贴合用户的心。

做好以上三大核心内容的竞品分析，可以帮助我们了解直播账号是否能吸引用户，满足用户需求，提升自身直播间产品的竞争力。

7.2.3　流程三：熟悉直播平台规则

通常情况下，在抖音、快手等平台发布短视频的运营者，适宜在对应平台进行直播，但也可以在不同平台上直播，实现粉丝的转化。

不同直播平台的规则是不同的，在这里，给大家介绍淘宝、快手、抖音、微信这四大平台的入驻规则。

（1）淘宝直播平台的入驻规则

要想成为淘宝直播的主播，商家或个人首选需要登录淘宝达人管理中心，入驻成为淘宝达人；其次要多发布原创内容（至少5条），以此来吸引粉丝；然后申请大V认证；商家通过大V认证后，可申请开通淘宝直播，发布视频后，等待官方审核直播权限；当商家或个人通过审核后，就已经完成了淘宝直播的开通，就可以开始淘宝直播了。

（2）快手直播平台的入驻规则

快手的直播门槛比较低，在快手设置里找到实验室，然后申请直播功能，进行身份认证，身份认证需要商家或个人上传身份证的正反面或手持身份证的照片，所有信息填好后等待审核，审核通过后就可以直接进行直播了。

（3）抖音直播平台的入驻规则

此前，抖音直播的申请还需要一定的门槛，对粉丝数量和单个短视频点赞量都有要求，但抖音为了进一步扩大直播市场，目前已经大大降低了直播的准入门槛，几乎可以称为“无门槛”。

无论粉丝数量多少，只须进行实名认证，即可开启直播。

（4）微信直播平台的入驻规则

在微信里直播分为网页直播和小程序直播两种，网页直播属于第三方直播平台，要想直接在微信平台直播，通常是使用小程序直播的方式。

小程序直播分为以下三种方式，分别有着不同的入驻规则（见表7-4）。

表 7-4　小程序直播的三种方式

小程序直播方式	入驻规则	典型代表
平台直播	这种属于入驻直播程序，付款几百元即可入驻，通常需要营业执照、身份证等有效信息	特宝宝、爱逛、腾讯看点直播等
小程序插件直播	要实现这个功能，需要自己开发具有直播功能的小程序，再接入微信的端口中。这种直播只能是有营业执照的个体工商户或者企业，个人是无法开通的	微跨、播播等
自建直播	这种直播门槛要求比较高，需要自己搭建推流服务器和聊天服务器，无论是内容审核还是文字聊天监管，都需要专人管理	跨店等

无论我们选择哪一种直播平台，都要先弄清楚该平台的直播规则，关注平台上关于直播的注意事项，不可违反这些规则。

7.2.4　流程四：直播脚本策划

撰写直播脚本，是直播内容顺利开展的有力保障，短视频直播的主要内容是介绍商品，所以，直播脚本需要将以下7个注意事项都写出来。

（1）直播目标

本场直播希望达到的目标，是数据上的具体要求，比如观看量多少，点赞量多少，进店率多少，转化卖货销售额多少，等等，这样更直观且目标性更强。

（2）直播人员

优秀的直播脚本，是一定要考虑到团队的配合，这样才能让直播的内容有条不紊，而不是处处随机。

因此，我们要注意各个人员的分工，以及职能上的相互配合。比如主播负责引导关注，介绍产品，解释活动规则，直播助理和运营负责互动、回复问题、发放优惠信息等，后台/客服负责修改宝贝价格，与粉丝沟通转化订单等。

（3）直播时间

我们要定好直播的时间，建议严格根据直播的时间来，直播时段也建议相对固定一些。准时开播能够帮助粉丝养成观看习惯。到了下播时间建议不要“恋战”，及时预告第二天的直播，让粉丝持续关注下一场直播，促进粉丝观看习惯养成的同时，还能让粉丝对主播保持新鲜感。

（4）直播主题

主题是一场直播的核心，整场直播内容应该紧紧围绕直播主题来进行拓展。假如我们在直播间要做店庆活动的主题，但是观众进了我们的直播间后，发现我们一直发送活动福利，那么观众很可能会流失。

因此，我们需要定下本场直播的主题，就跟写文章一样，在正确的大方向下前进，确保直播不会跑偏。要是东扯西拉地闲聊，会显得直播内容十分零碎且无营养。比如直播主题是“桃花妆”，那直播内容就是教观众画一个桃花妆，然后去约会。

（5）直播脚本流程细节

直播是一个动态的过程，整个过程中涉及人员的配合、场景的切换以及道具的展示等多方面的内容。因此，直播的流程需要具体到分钟，前期要在脚本上做好标注，比如8点开播，8:00—8:10进行直播间预热，和观众打招呼之类，包括产品的介绍、每一个产品介绍多久等，尽可能把时间规划好并按照计划执行。

(6) 梳理产品卖点

我们需要在产品卖点中写出产品的特点，包括产品功能卖点及产品价格卖点，这样，主播在介绍产品时给到粉丝的信息更为真实且准确。

(7) 优惠信息和活动

直播过程中，活动环节大家需要提示主播相关玩法，能够更好地调动直播间气氛以及引导粉丝消费。例如反复强调参与方式“还差×个预约就抽免单名额，大家快点击预约参与抽奖啊！”等。

直播脚本的通用版（见表7-5）：

表 7-5　直播脚本通用版模板

××× 直播脚本	
直播主题	××× 秋季新品发布（从需求出发）
主播	×××
主播介绍	某品牌主理人
直播流程	
1	直播准备（宣传、人员分工、产品梳理、直播设备检查）
2	预热环节（自我介绍、适度互动）
3	品牌介绍（品牌故事、店铺介绍）
4	直播活动介绍（活动福利、流程、诱惑性引导）

续表

直播流程	
5	新品讲解（全方位展示与讲解）
6	新品测评（试用分享，切忌夸夸其谈）
7	观众互动（答疑解惑、故事分享）
8	抽取奖品（穿插用户问答）
9	活动总结（强调品牌与活动）
10	结束语（引导关注、预告下次内容）
11	复盘（分析问题、优化脚本不足）

7.2.5 流程五：试播

开播筹备的最后一步是做好试播，所谓“试播”，就是测试网络，调整灯光、环境，测试自己的语态和互动，等等。

要想做好试播，就需要做好试播前的准备，在试播之前，大家需要搭建一个美观舒适的直播间。直播间一些基本的硬件设施，在淘宝上就可以买到。

比如你可以买一台内存很大的台式电脑，这样会比用手机直播更好，同时也可以解决主播边直播边看粉丝互动的问题；灯具可以买南冠的环形灯，用来补面光，同时还要布置几盏环境灯，建议购买条形灯带；直播间面积不用太大，6×6平方米基本可以满足直播需要。此外，背景必须干净整洁，这样可以让你的直播间看起来高大上一些。

除了基础设备，主播还要提前准备好与用户互动的话题，否则一开直播，不知道说什么，直接上来卖货，会引发场面的尴尬和用户的反感。所以，在试播之前，主播可以准备一些话题，比如时事热点、热播电影、有趣段子等作为直播的开场话题。

完成以上准备后，主播可以打开电脑的摄像头，观看摄影画面，从而调整摄像头的位置、直播间的背景、主播的仪态，等等，从而确保直播能达到最好的效果。

7.2.6　流程六：发布直播预告

对于每一个资深的直播运营者而言，每一次直播，都要做好充分准备，提前发布直播预告。发布直播预告，意味着提前告诉观众我们要直播了，观众可以提前了解直播的主题和内容，从中寻找到自己感兴趣的内容，促进观众观看直播的积极性。

在发布直播预告时，可以参照以下四个实用小技巧：

（1）宣传图不要有水印

虽然说各个直播平台对于宣传图片的水印的明文规定，但如果要上首页就绝对不能有水印，毕竟有水印的预告，会显得很不专业。

（2）画面简洁有重点

直播预告里不要全是无实际含义的微笑打招呼式的内容，要突出你此次直播内容的重点和亮点，才能抓住更多人的眼球。

（3）预告时间不要都集中在晚上

晚上是各大主播发布直播预告的黄金时间段，因此，为了避免竞争，你可以将预告时间提前一点发布，这样也不至于淹没在众多直播预告里。

（4）加速版视频

关于预告视频。我建议视频方向为：加速版化妆小视频，加速版室内换衣，美美的室外造型，等等，这些是对内容的基本要求，有创意有能力的主播可以在此基础上自由发挥。

直播预告并不是可有可无的一个环节，有时甚至直接决定了本场直播是否成功，利用直播运营的商家或个人需要将这个环节重视起来。

7.3　短视频直播涨粉技巧：照着做就能收获粉丝

直播是一个双向互动的过程，如果在直播中没有观众，只有主播自说自话，那么这场直播无疑是失败的。一场成功的带货直播，一定要有热烈的人气做加持，人气越旺，说明粉丝的参与度越高；粉丝参与度越高，买货的概率就会越大。

7.3.1　新主播吸粉最有效的三个妙招

作为一个新主播，直播时很难获得广泛的关注，此时，我们可以

图 7-7　新主播吸粉最有效的三个妙招

利用以下三个妙招，迅速吸引粉丝（见图7-7）。

（1）发红包

如今，几乎人人都会有家族微信群，我也一样。平常，这个一直躺在我微信里但又似乎无话可聊的群总是显得很冷清，可逢年过节，群里的亲人们就会以发红包的方式表达对彼此的问候和祝福，而在红包的刺激下，群氛围一下就活跃起来了。

事实上，做卖货直播也是同样的道理，只不过，在微信群里，红包刺激的是群里的朋友；而在直播间里，红包刺激的则是彼此可能并不认识的粉丝。但不管是相互认识的亲人、朋友，还是互不相识的直播间粉丝，谁又能抵挡得住抢红包的乐趣和魅力呢？

从这个角度来说，在直播卖货的过程中，作为主播，如果你感觉直播间的氛围比较冷清，需要一个炒热气氛、带动话题、激发粉丝参与积极性的工具，那么，红包就是你最好的选择。

具体来说，在发红包时，最好采用不定时发红包的策略。当这样操作的时候，由于进入直播间的用户并不清楚具体的红包发放时间，所以为了得到红包，他们会一直待在房间，从而有效地延长用户的观看时间，提高完播率。

此外，作为“素人”主播，如果你决定在直播中要发红包，那么，在直播之前，你首先就需要准备1000元红包或者充10万平台虚拟币，发红包的方式可以选择通过支付宝口令送红包，也可以选择在直播间发送虚拟货币红包，或者二者组合使用。

我们曾经做过这样的实验：让一个新人主播在直播时采用红包玩法，我们发现这个主播第一天场观肯定能达到1000+，即使是2000+也不难，转粉率低的在5%左右，转粉率高的能达到15%，如果按平均值

10%计算，那么这一天应该可以积累100～200的粉丝。

这个数据进一步说明了通过发红包的方式去提升直播间人气是非常有效的。

（2）抽奖

抽奖也是提升直播间人气的有效玩法。

抽奖的方法有很多，目前被主播们使用最多、最常规的方式应该是截屏抽奖，即随机抽选一名观看直播的用户，给予一定的奖励。除了这种常规方法外，主播也可以结合自己的实际经验、平台特性、功能等，开动脑筋去设计一些更有效的高级抽奖玩法。

（3）秒杀

熟悉直播的人对于秒杀一定不会陌生，这也是卖货主播在进行直播卖货时经常会使用的招数之一，也是提升主播直播间人气的最有效方式之一。

秒杀之所以功能显著，其实很好理解，好产品+好福利，谁不喜欢呢？当然，秒杀的玩法也很多，比如可以提供优惠券、可以限时等。

需要注意的是，不管是哪种形式的秒杀，既然是想通过“实惠”去吸引用户，通过“让利”去让用户尖叫，那么你的实惠和让利就必须是实打实的，而不能是虚假的。如果你秒杀的价格和你秒杀前后卖的价格没有什么区别，那么，秒杀也就失去了存在的意义。更糟糕的是，它可能还会让你在粉丝心目中的形象大打折扣。

尤其是对于那些初次进行直播的主播而言，这里十分推荐秒杀。尽管从某种程度上来说，秒杀可能会让你失去利润空间，但是作为新人，比起产品利润，你更重要的任务应该是先让用户留在你的直播间，并且从你的直播间买单。而秒杀，就是帮助你完成这一步的有效方式。

需要注意的是，这些妙招只是直播时可以使用的涨粉手段，只能作为辅助手段使用，要想获得持续、广泛的关注，直播内容一定要有趣。

7.3.2 直播间涨粉的四大技巧

作为主播，除了以上提到的辅助手段之外，真正能留下观众的到底是什么呢？以下四个小技巧或许能够帮助到你（见图7-8）。

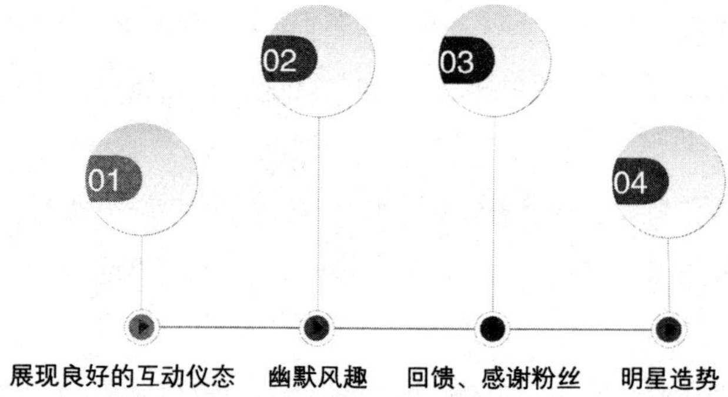

图 7-8 提升直播人气的四个技巧

(1) 展现良好的互动仪态

不管是因为喜欢你的人设，还是无意间点进，当粉丝进入了你的直播间后，这时候，你已经开了个好头，完成了吸粉的关键第一步。接下来，我们需要将自己良好的仪态展现给粉丝，这样才能抓住他们的眼球。要想展现出良好的互动仪态，你需要做到以下这两点：

① 亲身示范。

所谓的亲身示范，就是指在直播的过程中，你亲自去使用这个产品。需要注意的是，在亲身示范的时候，主播的吐字要清晰、声音要洪亮，比如李佳琦就因为他激情的解说被粉丝们亲切地称为“人间唢呐”。如果你说完后粉丝一头雾水，那么直播效果会适得其反。

② 注重表情和动作。

卖货主播在与粉丝进行互动时，可以尽量让自己的表情更丰富、更生动，同时多做一些小手势、小动作等，这样能有效拉近同粉丝之间的心理距离。

（2）幽默风趣

在现实生活中，拉近人与人之间关系最有力的方式之一就是展示幽默。同样的道理，在一场卖货直播中，最能够拉近主播与粉丝距离的便是粉丝的幽默。

因此，要想炒热直播间氛围，提升直播人气，进而带动卖货，在和粉丝互动的过程中，卖货主播不妨多展现自己幽默的一面。比如，讲一些笑话、说一些段子，或者做一些夸张好玩的动作等。

（3）回馈、感谢粉丝

除了幽默外，让人无法拒绝和心生欢喜的还有感谢。

在进行卖货直播的过程中，有的粉丝为了表达对主播的喜欢会主动刷礼物，主播如果主动表达感谢，那么粉丝就会觉得他有礼貌、懂感恩，从而加深对主播的好感。而好感一旦产生，信任感就会随之而来。当粉丝信任主播后，主播推的产品，就不难被粉丝接受。

（4）明星造势

如今，邀请明星到直播间带货已经成为最流行的直播卖货形式。

所以在一些卖货主播们的直播中，我们经常会看见明星的身影。有着高关注度和个人号召力的明星本身就是流量的中心，而当主播自身所带的流量和明星的流量结合在一起时，就会产生神奇的效应，转化成更强大、转化率更高的流量。

提高直播间的人气是我们进行直播的必要前提，当人气提高之后，我们的后续工作才能顺利开展下去。

7.4　直播间的销售话术：一句话卖断一批货

在商品同质化非常严重的今天，决定商品是否能卖出去的最重要因素，往往并不是商品的品质，而是销售人员的话术。这一节我们将为大家展示直播间常用的销售话术，让大家能够“一句话”卖断一批货。

7.4.1　直播卖货的 FAB 法则

直播卖货也有其独特的方式和技巧，淘乐汇主播们常常使用的卖货技巧就是FAB法则。FAB是英文单词Feature（属性）、Advantage（作用）和Benefit（益处）的缩写。

将这三个单词运用到直播卖货中，就会具有以下含义（见图 7–9）。

图 7–9　FAB 的内涵

从图7-9可以总结得出，所谓FAB法则，就是从客户事实出发，分析产品的优势，进而得出产品给客户带来的收益。这种典型的说服性演讲结构，有理有据，更具说服力。

FAB法则在销售中运用非常广泛，在日常生活中，我们经常会感受到它的存在。比如，当女生去商店买鞋子时，售货员一般都会这样对她说："这双鞋子是皮毛一体的，非常暖和，再冷的天当您穿上它，都不会冻脚。"销售员的这番话，其实就运用了FAB的销售法则。

当然，FAB法则之所以会被广泛推广和使用，除了它用起来简单外，还因为它符合人们的思考方式，能够产生很好的效果。

具体来说，FAB法则的运用又可以分为以下两个步骤。

（1）确定需求

当用户选择在直播间买东西时，他们往往并不是为了购买商品本身，而是希望能够通过这件商品去满足自己的某种实际需求，这也是永远不变的商业逻辑之一。

所以，FAB法则的运用前提是要充分了解用户的实际需求，因为客户的需求从某种程度来说，就决定了FAB的整个走向。

比如，如果用户的实际需求是价格便宜，但在直播卖货的过程中，主播却一直在强调产品的特性，那么，就很难引起用户的共鸣；如果用户的实际需求是追求高品质，但是在直播的过程中，主播却一直在强调价格的低廉实惠，那么，客户也不会感兴趣。

由此可以看出，为了让FAB发展产生最大效用，在运用FAB前，一定要首先确认客户的实际需求。具体来说，可以从以下三方面去做：

① 直接提问。

在直播的过程中，直接询问用户想买什么样的产品，是物美价廉的，还是品质取胜的？是男装，还是女装？或者直接给用户列出选项，让用户做出选择。

② 通过和客户的交流间接探知。

在直播的过程中，多和用户进行交流互动，并从互动中去探知客户的实际需求。比如，可以和用户聊一聊平时喜欢什么风格类型的产品，并从用户的回答中去寻找“蛛丝马迹”，然后对这些“蛛丝马迹”进行分析，找到客户的实际需求。

③ 制造需求。

制造需求顾名思义就是引导用户的需求，为用户创造出新的需求。比如，卖货主播可以在卖货的过程中向用户介绍新产品、发放优惠券、开展秒杀活动等，让一些原本没有购买计划的用户最终产生需求、做出购买行为。

（2）使用 FAB 法则进行产品销售

当确定了用户的实际需求后，就可以用FAB法则进行产品销售了。作为一种常见的说服技巧，FAB法则的销售逻辑其实十分简单，用一句话概括就是：

我们的产品是F的，它可以A，让您使用时有B的益处！

① 我们的产品是F。

我们的产品是F即告诉用户，你在直播间销售的产品是什么，包括产品的面料、版型、做工、水洗方式、所用的辅料等。在描述产品的属性时，应尽量去描述那些客观存在的区别于其他竞品的属性。比如：这款连衣裙是蚕丝面料的。

② 它可以A。

阐述前面提到的产品特性会带来什么样的好处，发挥什么样的作用。比如：蚕丝质地的裙子在夏季穿着更凉爽。

③ 让您使用时有B的益处。

站在用户的立场，去建立产品与客户实际需求之间的联系，即告诉客户通过购买这件产品，他将得到什么益处。比如：这款连衣裙能够展示出迷人的身材。

需要注意的是，FAB法则的运用顺序也不是固定不变的，而是可以根据实际情况和实际需求进行调整的。比如，在实际的运用中，你也可以把FAB转换成BAF，即先说出产品能为客户带来的收益，然后再分析原因。不管你最后采用什么顺序，你的最终目的都是为了抓住用户的注意力，让用户爽快下单。

7.4.2 直播间的五步销售法

直播间的五步销售法（见图7-10）。

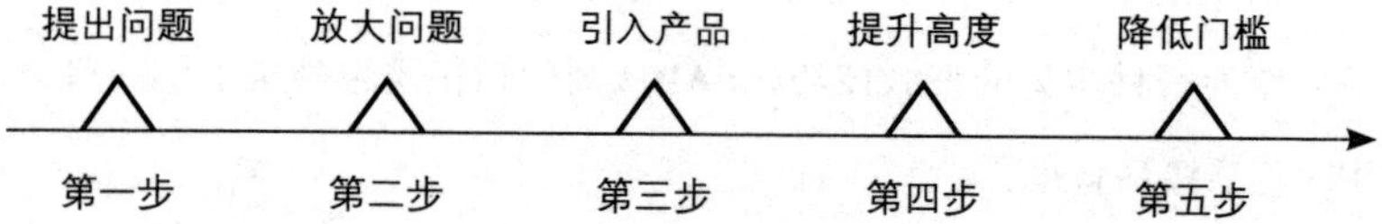

图 7-10 直播间的五步销售法

（1）提出问题

即结合消费场景提出消费的痛点以及需求点，给用户一个理由。

【案例分享】

夏天很重要的一点就是防晒，那么不论是讲防晒衣、防晒霜，前期最好要铺垫一下感受，浅浅地提出困扰，并让这些困扰成为直播间里瞬间活跃的话题。不要太假太夸张，要从现实中来，从一句简单的抱怨开始。

可以这样说：“今天又是个暴晒天啊，就羡慕那些皮肤晒也晒不黑的人，我的皮肤就是一晒就变黑，所以虽然很喜欢夏天，但是夏天的暴晒却让我非常痛苦。”

这样浅浅地提出问题，不要深入讲，也不要立即引入产品，重点是引起话题和共鸣。

（2）放大问题

放大问题要做到全面和最大化，把大家忽略掉的问题隐患尽可能地放大出来。

【案例分享】

结合以上的例子，把不做防晒的危害放大到一个高度。可以这样说：“现在才刚刚进入初夏，要到秋天还有好几个月时间呢，不管怎么躲到那时候我也会变成黑人了。话说一白遮百丑，其实我不是怕黑，最重要的是怕丑！而且紫外线有很多危害，好可怕。”

（3）引入产品

以解决问题为出发点，引入产品解决掉之前提出的问题。

【案例分享】

继续以上的例子：所以防晒很重要、很重要，那通常都有哪几种防晒的方法呢？可以穿防晒衣啊，使用防晒霜、防晒膏等。这样逐一引入产品，但是还不要详细讲解产品。先讲这些产品能解决之前提到的问题，先把问题解决掉，把好的结果愿景展现给大家。

（4）提升高度

详细地讲解产品，并通过行业、品牌、原料、售后等视角增加产品本身的附加值。这个阶段就要展示雄厚的专业知识了，让粉丝对这款产品产生憧憬和期待。

【案例分享】

比如你可以从防晒的相关指数来做一个具体的解释："这款防晒的 SPF 指数是 50，说明能够在阳光下防晒 1000 分钟呢，而且它还是 PA+++ 呢，说明它可以延缓肌肤晒黑时间 8 倍左右，防晒时间长，适合长时间户外使用。"

（5）降低门槛

当你给观众介绍完了该产品所有的相关内容之后，这个时候你可以兴奋地讲解该产品优惠渠道的优势、独家稀有紧缺程度等，从而降低观众最后的购买心理防线，让观众开启产品的疯抢模式。

主播在进行以上五步销售法的时候，一定要注意话语的连接性，不能说完一句就不知道下一句说啥，这样会导致直播间陷入比较尴尬的境地，粉丝也会觉得浪费时间而移步别的直播间。

7.4.2　直播间常用话术

通常情况下，直播间的常用话术分为三种：

（1）直播开场话术

开场是直播留给用户的第一印象。一个好的直播开场能够瞬间勾住用户的观看欲望，让他们愿意留在直播间，同时也为主播接下来的卖货做好铺垫。

那么，对于直播卖货而言，究竟什么样的开场才能被称之为好的开场呢？要回答这个问题，我们不妨从直播开场设计的三大要素说起。

① 把用户代入直播场景。

在一个直播间内，会有形形色色的观看用户。这些用户，又会分别处于不同的观看场景。比如，有的用户可能是在公交车或者出租车上看直播，有的用户可能是在家里看直播，有的用户则是在办公室看直播，等等。

不管用户正处于怎样的观看场景，对于直播而言，当直播开始后，你的首要任务就是要利用开场在第一时间内将这些在不同环境下观看你直播的用户带入直播所需要的场景中。

② 激发用户的观看兴趣，把用户留在你的直播间。

直播开始后，进入你直播间的用户又可以分为两部分：

一部分是因为看到了你于直播前在社群、微博、朋友圈、抖音等各个渠道发布的直播预告后进入到你直播间的用户。这部分用户也是相对固定的精准用户，一般在进入后，他们也不会轻易离开。

另一部分则是在直播平台随意浏览时随机点开了你的直播间的用户。要想留住这部分用户，那么，你就必须通过有趣、有料的开场白，激发用户的观看兴趣，让他们产生继续观看下去的欲望。

③ 促进观众推荐。

前面说了，当直播开始后，进入直播间的用户主要有两大渠道来源。但有时候，即便是把这两个渠道的用户都留下了，直播间还是会显得有些冷清。这时候，为了尽快炒热直播间气氛，主播就需要利用开场白去主动引导用户邀请各自的朋友加入直播间，促进直播间的持续火爆。

（2）直播中用户常问的五大问题及主播回答话术

卖货主播在直播中和用户的交流至关重要。据统计，在一场直播中用户会经常问的五大问题。针对这五大问题，下面设计了相应的回答话术。

【话术分享】

① 如果有粉丝问："身材不高能穿吗？体重太胖能穿吗？"我们可以这样说："小姐姐要报具体的体重和身高哦，这样主播才可以给你合理的建议哦！"

② 如果有粉丝问："主播多大？几岁了？"提出这种问题的粉丝完全是出于好奇心。主播要保持一定的神秘与隐私，可以采取风趣幽默的回答方式，比如："小姐姐可以猜猜看，猜对了给你糖吃哦！"

③ 如果有粉丝问："主播身上的衣服是几号宝贝？"很多主播听到这种问题通常会有点生气，但是在直播间里还是要保持应有的耐心："我身上穿的是9号宝贝哦，每件衣服都会有对应的号码牌，屏幕左右滑动

可以看到相应的优惠信息，下次一定要记住哦！”

④ 如果有粉丝问：“有活动吗？”提这种问题的粉丝通常爱贪小便宜，但是这种粉丝也是直播间的常客，因此主播可以这样回答：“小姐姐，今天我们的 4 号宝贝在晚上 9 点有秒杀活动哦，优惠 ×× 元。这个优惠力度很大，记得到时候过来秒杀哈！”

⑤ 如果有粉丝问：“5 号和 6 号宝贝比，哪个更好？”很多人都有纠结的情绪，因此在这种情况下，我们可以明确告诉粉丝：“5 号宝贝适合 A 类型的人，6 号宝贝适合 B 类型的人，小姐姐你可以告诉我一下你是属于哪种类型的？”

（3）直播结束话术

许多主播往往在开场和中间的互动交流部分都做得很好，可到了结束的时候，就处理得潦草而简单，通常一句表示感谢的话就搞定了。

其实，对于一场直播而言，结束语不仅意味着直播的结束，它还可以传递出以下四种信息（见图7-11）。

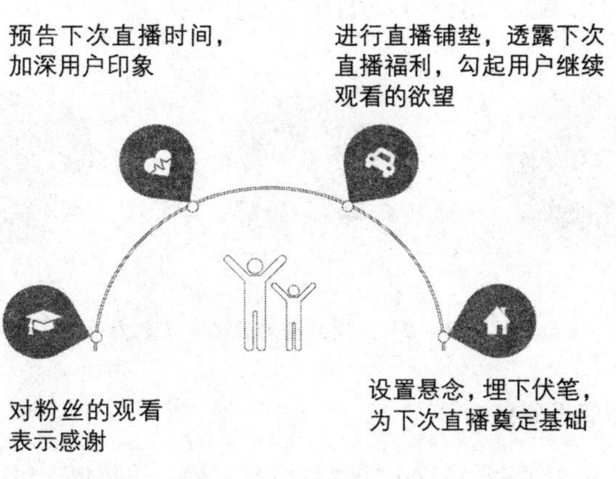

图 7-11　直播结束语可以传递出的四种含义

7.5 直播间“翻车”应对指南：遇事不要慌

直播这种实时进行的节目，不能经过后期剪辑、加工，所以遇到“翻车”情况也属于正常现象。但遇到突发状况之后进行正确处理，及时规避可能带来的风险，是每个主播和运营团队必备的能力之一。

7.5.1 主播必备的应变能力

虽然直播中遇到突发状况无法避免，但如果主播具有超高的专业素养，就能将突发状况的发生概率降到最低。具体来说，就是主播应该具备以下三种应变能力（见图7-12）。

图 7-12 主播必备的三种应变能力

（1）话题掌控力

在一场直播中，卖货主播既要扮演主持人的角色，也要扮演推销员的角色，而这两种角色对于语言功力的要求都是非常高的。而语言心理、语言效果以及话题掌控能力又是决定卖货主播语言能力的重要层面，必须均衡发展，缺一不可。

我们都知道，直播最大的特点之一就是卖货主播要和粉丝及用户进行深度的交流，这也就意味着，在直播卖货的过程中，主持人一定要善于抓住核心话题，并能做到深刻地理解话题，就话题进行一定的发挥，只有这样，卖货主播才能更好地主导直播间、带动用户交流。

（2）临场反应能力

在直播的过程中，作为卖货主播，可能会碰到各种各样的原因造成的突发状况。比如，展示的产品出现问题，主播与直播团队中的其他工作人员配合失误，设定的环节未能按照计划顺利进行等。人们常说，一个人的潜力和智慧都是被逼出来的，往往越是这样的突发状况，越考验卖货主播的应变能力，也越锻炼卖货主播的业务能力。

（3）负面信息接纳能力

由于职业的特殊性，卖货主播始终都是被粉丝甚至媒体高度关注的对象，因此在获得关注的同时，也会生成正面与负面的信息。作为卖货主播，虽然能够成为粉丝群体的影响者，但当自己的某些行为与观众的期望出现偏差时，就会受到负面信息的干扰。如果卖货主播缺乏很好地处理负面信息的能力，那么一旦负面信息开始扩散，就会对自己的直播事业产生负面影响。

对于直播卖货，尤其是处理直播卖货中遭遇的突发事件而言，幽默风趣同样至关重要，它能够很好地帮助卖货主播解围，从而最大限度地消除直播间或尴尬、或紧张的气氛，把负面影响降到最低。

通常，幽默的方式也有很多种，比如自嘲、巧妙的比喻、谐音梗等，并且，这种能力是可以通过后天的努力学习培养的。

7.5.2 直播间常见“翻车”问题

有时候，虽然主播具备了很强的专业素养，但直播还是有可能受到外力干扰。下面罗列出一些直播间经常出现的“翻车”问题，并给出详细解决方案。

通常情况下，直播间出现的问题分为两大类，第一类是技术故障，第二类是产品问题。

（1）技术故障

直播间最常遭遇的突发状况便是技术故障，比如突然断线、卡顿、闪退，或者是连麦出现问题等（见图7-13）。

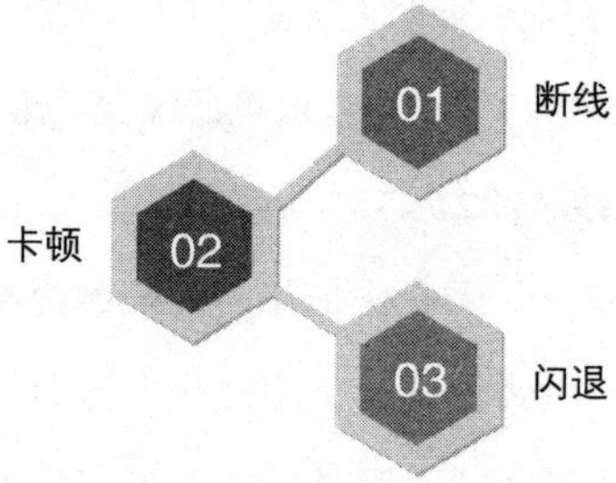

图 7-13　三种技术故障问题

【案例分享】

在某次直播活动中，“带货女王”薇娅就曾遇到了卡顿、掉线的情况。状况发生后，许多粉丝都在评论中表示无法看到画面，而薇娅和助理也一直在向粉丝道歉，并试图寻找现场网络和信号比较稳定的位置。

一般情况下，技术故障主要有以下三种。

① 断线。

在直播中，出现断线状况，通常有两个原因，一是网络问题，二是出现违规操作。

网络问题很好解决，切换到网络稳定的场景继续直播就可以了。

针对第二个问题，最好的解决方式是预防。每个直播平台都有相关的约束条例，我们在直播前需要熟悉和了解，避免出现违规操作。

② 卡顿。

如果出现直播卡顿问题，原因通常也有两种：一是网络环境较差；二是设备配置不够，带不动直播。

如果是网络问题，方法同上；如果是设备问题，那么，及时更换设备就可以解决问题了。

③ 闪退。

导致出现闪退状况的原因也有两种：一是设备内存可能被其他程序占用；二是内存本身就不够。面对闪退情况，最好的处理方式是重启程序后再次登录。

当然，除了以上提到的三种主要技术故障外，卖货直播可能会遭遇的技术障碍还有很多，比如音画不同步、声音卡顿或是无声音等故障。不过，当故障出现后，通过检查相关设备、重启程序、检查网络、更换设备等方式，一般都能很好地解决。

（2）产品问题

相较于技术故障，产品问题更难解决，容易引起观众误解，以致出现“脱粉”“投诉”等行为。所以我们在处理产品问题时，要更加用心。

归纳起来，产品问题又可以被分为质量问题、价格问题、链接问题三大类（见图7-14）。

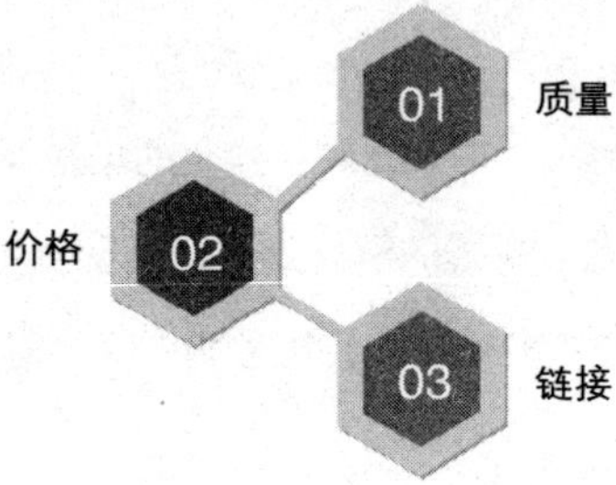

图 7-14　直播间常见产品问题

① 质量问题。

这里的质量问题，就是指产品本身的质量或性能在直播中出现问题，也就是俗称的“直播翻车”。

李佳琦在一次直播中，就因为操作失误，用不粘锅煎鸡蛋，结果鸡蛋粘锅了。这就告诉我们，在直播准备阶段，对于那些有功能特点的产品，一定要先熟悉产品性能。

对于质量有问题的产品，我们在收到观众的反馈之后，要及时进行处理，给予赔付或道歉，同时，要提高选品能力，提升对于产品质量的把控力度。

② 价格问题。

直播产品的“物美价廉”是直播最重要的特征之一，这也就意味着，卖货主播，尤其是那些有一定流量的头部主播，通常能够以“全网最低价”拿到产品，有的主播甚至还会与商家签订报价协议，以确保数月内不会再出现更低的价格。

然而，在实际的操作中，却并不是每个品牌或商家都能够遵守“最低价”约定的，这也就导致了直播间直播的产品，有可能并不是真正的“最低价”，而一旦粉丝发现自己购买的产品并非最低价后，就会不满、抱怨，甚至拆台。

当卖货主播遇到价格问题时，首先要核实问题的真伪；确认问题后，选择和粉丝站在一边，并针对此事表明自己的态度，必要的时候，可以选择不再与商品供应商合作。

③ 链接问题。

除了以上提到的质量问题和价格问题外，最容易出现的产品问题还有产品销售过程中的链接问题，比如链接出错、链接失效、价格出错、优惠券失效等。

当出现上述这些问题后，常规的处理方式应该是首先将产品下架，或者呼吁粉丝停止购买，并对已经拍下了产品的粉丝道歉、退款。与此同时，第一时间与商家进行交涉更正，若问题及时解决，则告知用户处理进展并号召用户继续购买；若问题无法得到及时解决，则直接下架，继续后续商品的直播。

最后，我想强调的是，互联网是有记忆的，直播也永远没有停止，对于每一个卖货主播而言，每场直播都只有一次，而永远无法剪辑或推倒重来。因此，无论出现任何问题，都不要影响直播的流程和进度。

第 8 章

短视频变现：

四大变现方式，选择对了你就赚钱了

归根到底，运营短视频的最终目的就是实现流量变现。正所谓流量在哪儿，钱就在哪儿。掌握了短视频变现的方法，也就掌握了短视频赚钱的秘籍。

短视频变现：四大变现方式，选择对了你就赚钱了

- ①短视频带货
  - 哪些产品适合带货
    - 与生活密切相关
    - 产品质量有保证
    - 价格比市场优惠
  - 短视频带货的方式
    - 直接推荐
    - 剧情短片
    - 构建场景
    - 直播带货
  - 短视频带货如何长久
    - 关注消费者体验
    - 连接商家与消费者
- ②短视频广告变现
  - 广告来源
    - 商家主动联系
    - 浏览信息发布平台
    - 加入官方广告接单平台
    - 短视频圈互相推荐
  - 提升短视频广告转化率的三部曲
    - 品牌内涵与抖音视频内容必须契合
    - 为品牌商打造专属广告视频
    - 突出创意
  - 接广告的“禁区”
    - 禁止出售的产品
    - 消费者体验感差的产品
    - 杜绝虚假宣传
    - 切勿频繁发广告
- ③短视频代运营
  - 短视频代运营服务内容
    - 用户画像
    - 运营策略
    - 账号包装
    - 视频产出
    - 运营推广
    - 数据反馈
    - 账号监测
  - 短视频代运营人员配置
    - 编导
    - 摄像
    - 剪辑
    - 运营
- ④短视频课程
  - 知识付费前景可观
  - 市场广阔的知识付费类型
    - 孩子教育类
    - 职场技能类
    - 情感攻略类

8.1　短视频带货：最快速的变现方式

目前看来，通过短视频带货变现，是最快速的变现方式。不过，这也并不意味着人人都可以用这样的方式赚得盆满钵满。选择什么样的产品带货，通过什么样的方式带货，如何持续稳定的带货，也成为短视频运营者需要考虑的三大重要因素。本节将为大家针对这三个方面，予以详细的分析。

8.1.1　哪些产品适合带货

想要通过短视频带货变现，产品的选择至关重要。我们在创作短视频之前，必须对产品进行品类切割，如果选择不适合短视频带货的商品，将大大影响带货效果，想要制造“爆品”就如天方夜谭。因此，我们在产品的选择上，要遵循以下三点（见图8-1）。

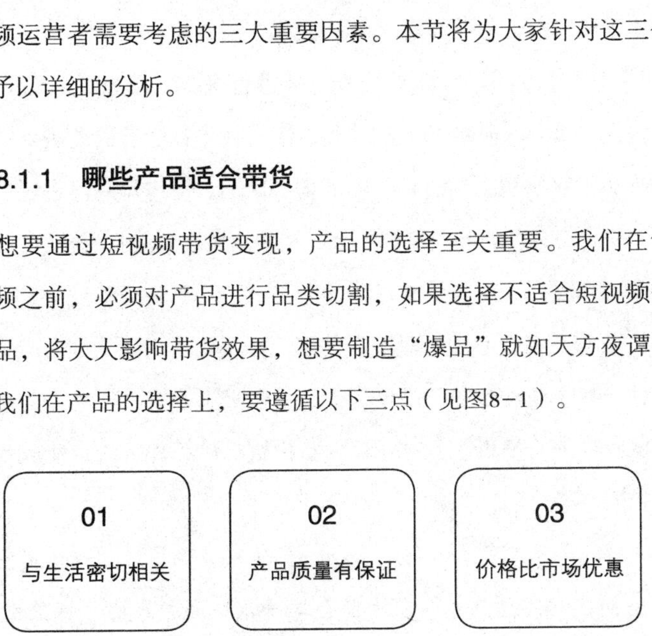

图 8-1　短视频带货产品选择三要素

（1）与生活密切相关

大家都知道，短视频带货通常是激发消费者在短时间内“冲动消费”，因此生活中的常用品将是首选。

① 生活快消品。

选择产品时，可以优先考虑日常生活所需的消耗品。这类商品价格优惠，需要重复购买，如果商品质量有保证，回头客将是不错的购买力。

生活快消品一般包含了家居用品、美妆产品、美食饮品、鞋帽服饰等，而对于这类商品也要保证它的用户体验感，也就是选择质量好、性价比高的产品。千万不能在视频中过度吹捧、虚假营销，这样只会透支粉丝对你的信任度，得不偿失。

另外要注意的是，要对受众群体进行细分。简言之，就是选择带货的商品要与账号的粉丝群体相匹配。如果你运营的是美食类短视频，那么最好是挑选与之相关的美食、饮品、厨房用品等进行带货，否则，带货商品与粉丝关联性不大，销售效果就会大打折扣。

② 新奇特产品。

人人都有猎奇心理，对于有创意、好玩的新兴商品都会产生极大的兴趣。一个新奇特的产品出现，必定会吸引一大批人的目光。如果商品既有颜值、好玩，又实用，并且价格优惠，那么一定能成为短视频带货的“宠儿”。

比如，“完美日记”与大都会博物馆联名推出的“探险家12色动物眼影”，被誉为“2019年最佳国产眼影”。该产品选择了12种动物，根据它们身上的色系，研发了12种不同的眼影盘，刚发售没多久，仅是官方旗舰店的销量就达到20万件。

类似这样有趣的商品还有不少，例如非常火爆的“小猪佩奇社会人手表”“可以吃的iPhone X”……都赚足了短视频用户的眼球，消费者通通加入购买“某某短视频同款”的潮流大军。

总之，带货商品首先要满足“有用”“好玩”“不贵”，另外也要注意所选商品要与自己的粉丝群体相关联，尽量符合消费者的喜好才是关键。

（2）质量有保证

我们熟知的“带货达人”李佳琦和薇娅，都是从0到1的过程，除了本人特有的风格之外，注重产品质量，才是重中之重。他们之所以能积累如此多的忠实粉丝，大多是“回头客”的功劳。粉丝在购买了商品之后，体验感良好，信任感不断提升，形成良性循环。

这也提醒我们，即使如今的短视频带货市场俨然一片红海，似乎新人小白很难出头，但只要有自己的风格，并且选择质量口碑有保证的优质产品，持续坚持，就不难收到效果。

（3）价格比市场优惠

直播带货讲究的就是一个“快”，主播对产品进行展示和使用，让消费者亲眼见证效果。再通过语言的引导，以及消费者之间互相感染，提升消费者“冲动消费”的欲望。

通常情况下，直播带货会催促消费者立马下单，并给出相当大的优惠且数量有限。利用“饥渴营销”的方式，形成抢购狂潮，让人产生“我现在不买，就亏了”的心理。

例如，市场上的茅台酒原价在2000元以上，国窖1573的原价为2600元，而薇娅在直播销售时，茅台的价格仅为1499元，且只有500瓶，国窖1573的定价更为优惠。这种市场上少见的极大优惠，引发了消费者的购买欲，且数量有限，先到先得，也促使了消费者争相购买。

不难看出在直播带货中，优惠的价格是至关重要的，否则，消费者可以在任何时间、地点购买这款产品，也就大大降低了直播带货的转化率。

8.1.2 短视频带货的方式

短视频的内容丰富多彩，这也意味着短视频带货的方式多种多样。现在许多网红大咖一个视频动辄带货百万，实在令人心动。如今比较常见，效果较好的带货方式有以下四种（见图8-2）。

直接推荐　　剧情短片　　构建场景　　直播带货

图 8-2　短视频带货的四种方式

(1) 直接推荐

开门见山直接推荐产品，这是最基础也是最简单的带货方式，牢牢抓住短视频“短、平、快”的主要特征，在几十秒甚至更短的时间内，让消费者对商品产生兴趣。

通常这类短视频需要在几秒钟内展示产品的亮点，或者提出有话题性的热点引起消费者的关注。而且，视频节奏一定不能拖沓，把重点放在产品的性能和优势上，直接展示使用效果。另外还可以发掘产品普遍功能外的特殊作用，扩大消费需求。

【案例分享】

大众对凡士林的了解普遍停留在它可以防冻裂，而《凡士林的用法》这个短视频则开发了凡士林的新功能——强效保湿，并且相比其他保湿产品似乎更胜一筹，再加上它亲民的价格，使得这个短视频发布，就成功变现，引发消费狂潮。

（2）剧情短片

这种带货方式是根据产品的特性编写一个剧情，再将它演绎出来。在这个过程中，从侧面展示商品的优势和特征。我们非常熟悉的短视频创作者“王多余和毛毛姐”，就是利用了这种方式成功带货百万。

他通常在视频里一人分饰两角，演绎生活中的家长里短，幽默搞笑、接地气。用诙谐的方式植入商品，在剧情中插入品牌理念、产品功能等，通过让消费者喜欢视频内容，从而达到接受产品、实现购买的最终目的。

（3）构建场景

在销售产品时，我们经常会为消费者搭建一个场景，将他们带入其中，引发其产生共鸣。短视频带货同样可以运用这样的方式，不过这也是一个比较高阶的玩法，我们最熟悉也是最经典的一个案例就是

"李子柒"。

【案例分享】

李子柒为我们展示了一个人人都在向往的世外桃源，在那里我们可以放松身心，远离尘世。而她正是抓住了人们的这一内心的渴望，将自己在农家里、山野间、湖泊旁的每一幕生活场景展现给众人看。

消费者通过观看她的生活方式，就会情不自禁地将自己代入进去，想要成为和她一样的人，于是"李子柒同款"受到万人追捧。而她本人却从来不在视频里做任何推荐，这种构建场景的带货方式，真是无声胜有声。

短视频带货已经成为流量变现的一大趋势，它与普通商业广告不同，利用短视频运营者与粉丝的垂直度和信任感，直接推荐产品，相较传统广告有更高的转化率。

（4）直播带货

直播用户规模庞大、购买力强，这种新型的卖货模式，已经将传统的"被动选择"转变为"主动推荐"，且覆盖区域广，转化率高。

【案例分享】

抖音曾推出的一款美食类直播节目——《钱枫投喂计划》，一经播出就引来大量关注。这款节目与传统的"吃播"不太相同，不再使网友停留于简单的观看模式，而是引导其下单，对钱枫进行"投喂"。

整个直播过程丰富有趣，连钱枫本人都不知道自己下一秒会吃什么，这样的不确定性和参与感，激发了消费者的购买欲望。可见有创新的直播带货形式，深受大众喜爱，并能高效变现。

8.1.3　短视频带货如何长久

当我们在短视频领域获得一定关注和成绩之后，如何在这一领域走得更长久呢？有两点要素。

（1）关注消费者体验

将商品通过短视频或是直播卖出去之后并不是结束，而是一个真正的开始。

消费者收货之后的使用评价才是考验短视频带货的重要因素，把用户体验当作带货的终极目标，才能形成良性循环，保证自身IP的良好口碑。

（2）连接商家与消费者

通常商家在研发一款产品时，会做市场调研，以了解消费者的需求与喜好。短视频运营者可以通过直播的方式与消费者交流，帮助商家直观地认知市场需求，从消费者那里得到真实的产品反馈，从而形成良好的商客关系。这也充分展示了一个优质短视频运营者对商家与消费者的责任感。

8.2 短视频广告变现：稳定盈利的变现方式

当我们积累到一定量的粉丝之后，会有商家愿意与我们合作，投放相关广告。关于广告的选择和宣传也有不少的技巧，接下来我们从两个方面着手，分析广告变现的相关内容。

8.2.1 广告来源

我们要学会在众多商家中筛选诚信可靠的广告主。一般而言，广告来源主要有以下四种（见图8-3）。

图 8-3 广告来源四种途径

（1）商家主动联系

这是最常见的广告来源，当粉丝数量达到10万以上时，会有不少商家通过发私信的方法向你寻求合作，一般他们会介绍产品、告知需求，然后询问你的受众群体和报价等。

很多时候商家的合作信息将会淹没在粉丝的来信中，因此，最好是设置一个专门用于商业合作的联系方式，方便高效地处理商务信息。

另外，市场上的商家品质参差不齐，广告主是否可靠、产品是否有保证等，都是我们需要谨慎考虑的。一般合格的品牌都会有自己的官网、官方旗舰店、微博和微信公众号等，通过这些方式可以了解合作商家的可信度，帮助我们判断是否值得合作。

（2）浏览信息发布平台

承接广告发布的信息平台不少，例如猪八戒、八爪鱼、微播易等。你可以根据自身需求注册成为流量主，设置自己的粉丝数量、短视频内容时长、宣传方式、报价信息等，广告主会在平台上寻找符合自己合作意向的流量主，同时你也可以主动寻找合适的商家进行合作。

这是一种双方自由匹配的方式，将大量的广告信息汇聚在一起，商家和短视频运营者各取所需。虽然平台会对广告主进行考核和筛选，但我们仍要注意对方身份的真实性。

（3）加入官方广告接单平台

前文提到的是综合类信息平台，这里我们将介绍短视频官方推出的接单平台。例如微博推出的“微任务”，快手推出的“快接单”，以及抖音推出的“星图”等，这些都是官方为了撮合广告主与流量主达成合作，专门推出的官方接单平台。

【案例分享】

抖音的“星图”平台提供了订单接收、签约达人管理、项目汇总、数据查看等功能，实现了内容交易过程中，多个角色之间的沟通与连接。

当我们拥有一定的优质短视频资源，可以入驻“星图”成为“达人”，选择广告主进行合作。官方平台的商家都是经过严格审核的，相较其他信息平台，流量主可以比较放心地选择合作。

官方广告接单平台对于流量主来说，可以拓宽变现方式；对于品牌来说，可以实现广告精准投放，因此达成了大量商务合作，是我们选择广告的不错方式。

（4）短视频圈互相推荐

广告的来源其实不限于我们与商家之间，也可以来自同行推介。俗话说“人脉即钱脉”，我们在运营短视频时，也要学会与同行搞好关系，实现“有钱大家一起挣”的和谐氛围。

【案例分享】

比如我们是做宠物短视频的运营者，有熟识的美食主播接到了宠物食品的广告，这与我们的视频内容、粉丝群体更加吻合，所以他可以将这一单广告推荐给我们，从中收取一定的中介费。

总而言之，广告的来源多种多样，谨慎筛选合作商家，与同行达成良好共识，会帮助我们在广告选择上少走弯路。

8.2.2　提升短视频广告转化率的三步曲

作为短视频运营者，我们拍摄广告的目的其实非常明确，就是为了变现。从这个角度而言，衡量广告成功与否的一个关键因素便是这支抖音广告的变现能力。那么，有没有一种实际可行的方法可以有效地提高广告的变现能力呢？

答案显然是肯定的。下面，我就将和大家共同来学习提高短视频广告变现能力的四步曲：

（1）品牌内涵与抖音视频内容必须契合

发布广告视频的最终目的是向用户传递产品信息，有针对性地向目标客户进行推广。基于此，短视频运营者和品牌商家在共同打造广告视频时，内容就一定要与品牌内涵相契合，最好是与视频中的场景、剧情融合在一起，只有这样广告植入才会取得一个好的效果。

【案例分享】

电影《疯狂动物城》的广告植入就做到了这一点，不管是在其宣传短视频中，还是电影情节中，虽然苹果、普拉达、耐克、星巴克等品牌产品和 LOGO 经常出现，但观众却并不觉得突兀，因为，它们与电影剧情和场景巧妙地融合在一起，显得十分和谐。

（2）为品牌商打造专属广告视频

短视频运营者还可以为品牌商量身定做，打造专属广告视频，将广告视频与短视频红人自身视频区别开，力求趣味化和集中化，以此来赢得用户的好感，提升广告变现的能力。

【案例分享】

在这方面，抖音红人“老王欧巴”就做得不错，他将广告视频与自身视频分开，自身创作发布的视频不含任何广告，但如果有品牌商要与之合作就专门拍摄抖音广告视频。而且对于广告视频，“老王欧巴”也会在评论中明确告知用户：广告视频也充满趣味性与看点，虽是精心设计打造的，也非常值得一看。

如此一来，用户可以自行选择视频的类型观看，既不会感到厌烦，也不会影响广告变现的效果。

（3）突出创意

任何时候，创意都是价值的保障，是平台和商品实现广告变现的关键，好的抖音广告视频必须独具创意，更要与视频内容相贴和，要在符合平台要求的前提下，用最佳的表现形式来突出产品的特性，才会吸引到更多的流量与用户的关注，实现广告变现。

8.2.3 接广告的“禁区”

广告并不是越多越好，选择高质量且与粉丝群匹配的商品最佳。下面为大家说明哪些广告不能承接，以及通过短视频打广告的注意事项。

（1）哪些广告不能接

① 禁止出售的产品。

有一些商品是官方明文禁止出售的，不允许通过网络平台进行宣传，例如，烟草、医疗器械、成人用品、金融产品、高仿产品、部分药物等。

这类商品触及法律法规，一定要注意避开，以免给自己的短视频账号带来不必要的麻烦。

② 消费者体验感差的产品。

一方面，我们要注重产品本身的质量，选择品质有保障的商品做宣传。另一方面，有些商品保质期短，或者在运输过程中极易受损等，也容易使消费者在收货后体验感较差，对于产品的评价低，所以不接此类广告为好。

（2）打广告时要注意什么

① 杜绝虚假宣传。

有些商家提出的宣传要求不符合商品的实际情况，存在夸大事实、虚假营销的成分，这不仅是欺骗消费者，也违反广告法的规定。

对于这类要求我们要严词拒绝，否则广告内容一经播放就被会用户举报，还有可能被平台查处，封禁账号，绝对得不偿失。

② 切勿频繁发广告。

俗话说，“君子爱财取之以道”，短视频运营的核心是内容，不能一味发布广告，丢失最本质的东西，否则，久而久之，会导致粉丝群大量流失。

我们要选择恰当的时机和方式推出广告，以用户体验为追求目标，使广告变现成为短视频盈利的稳定方式。

8.3 短视频代运营：帮企业或个人代运营短视频账号

短视频的超大流量所带来的红利不言而喻，各大商家和个人纷纷入驻，但有许多运营者没有时间、不够专业，因此短视频代运营这一行业就应运而生了。

如果我们想通过代理运营短视频盈利，那么，就需要明白自己能够为客户提供哪些服务，应该配备的人员有哪些。

8.3.1 短视频代运营服务内容

短视频运营涵盖了从前期策划到中期运营推广以及后期的数据反馈，这是一个完整的流程体系，涉及很多方面及内容（见表8-1）。

表 8-1　短视频代运营服务内容

服务项目	服务内容
1. 用户画像	根据客户需求，确定受众群体属性
2. 运营策略	包括渠道、内容、用户运营
3. 账号包装	账号名、头像、主页画面设计
4. 视频产出	短视频选题、策划、脚本编写、制作
5. 运营推广	整合短视频推广资源，配合宣传矩阵
6. 数据反馈	根据市场数据总结反思内容和运营策略
7. 账号监测	对账号安全、权重等实施监测

（1）用户画像

我们在为客户制定用户画像时，要事先了解客户需求。若对方是商家，其目的肯定是为了宣传产品实现带货；若对方是个人，可能是想打造个人IP。因此，我们要根据不同客户的不同需求，提炼受众属性。

首先，我们来大致了解一下短视频市场的整体用户情况。

根据CNNIC《第42次中国互联网统计报告》和六大核心短视频平台数据显示，短视频男女用户比例为48:52，可见短视频用户性别基本持平。从年龄数据报告分析，整体用户偏年轻化，20～30岁用户过半。从用户所在省份来看，三、四线城市达到一半，并且呈现出从沿海向内陆纵深的分布规律。

明晰了短视频行业的整体用户概况，我们就要以此为基础，根据客户需求为其制定适合的用户画像。

【案例分享】

例如，某日系女装小资品牌，根据品牌风格和服饰特征，我们可以拟订一个初期用户画像：18～35岁女性，学生或上班族，小资文艺青年，爱好阅读观影，所在地苏浙沪等。

这样就基本提炼出一个比较符合品牌受众的用户群，再根据这类人群的特征和喜好制定拍摄内容和运营策略将是一个不错的开始。

（2）运营策略

短视频运营主要包含三个方面：渠道运营、内容运营、用户运营。

① 渠道运营。

短视频渠道运营，主要是指与主流短视频平台，以及视频内容分发渠道合作。但不是所有客户都可以与平台渠道合作，一些大品牌本身具备合作资质，则能够形成资源置换实现合作。

另外，国内短视频平台较多，不存在一家独大，每个平台的用户调性和内容定位都有区别。如果要做垂直细分领域的内容，首先要分析不同短视频平台用户的喜好，以此来确定是否多平台同时运营或是专注一家运营。

② 内容运营。

短视频内容要谨遵“深度垂直”的原则，确定好受众人群之后，专注做这一类的短视频。视频内容越“垂直”，吸引的粉丝就越精准，流量变现也就越轻松。如果为了覆盖更广的人群推出不符合运营定位的视频，只会弄巧成拙遗失粉丝。

另外，持续更新视频，培养用户观看习惯，也是持续涨粉、巩固受众群的关键。

③ 用户运营。

短视频的代运营不仅停留在将视频投放出去就结束，更多的目的是为了使流量变成留存用户，帮助客户实现变现，因此用户运营至关重要。

账号积累的所有粉丝都是潜在消费群体，与他们加强互动、增进感情是必不可少的一环。可以通过社群运营进行用户管理，例如，建立粉丝群、在其他社交平台注册账号分享更多信息等，用这样的方式巩固用户。

（3）账号包装

短视频的账号名、头像、背景画面和简介资料体现了一个账号的“人设”，这是留给用户的第一印象，要确保整体风格的一致性。

一般品牌会有专门的产品名和logo，账号包装相对简单。但对于个人账号的打造，需要取一个简单响亮的名字，搭配显眼的头像，让人一目了然。

（4）视频产出

在传统节目制作时，视频内容基本为内容策划和制作，几乎形成了一个流程式的闭环。但短视频的内容运营要与账号IP紧密贴合，并且跟着用户喜好走，这是一个精密又灵活的运营模式。

尤其值得注意的是，许多短视频运营者都是科班出身的专业人员，他们制作视频的技巧娴熟，但短视频与传统影视剧、综艺不同，需要跳出固定思维模式，以用户视角和思维去策划和制作短视频内容，避免走上“孤芳自赏”的岔路。

（5）运营推广

短视频代运营团队除了专业技术要过关，拥有相关人脉资源也至关重要。仅凭一个人的薄弱力量成效较慢。如果能与平台发起热门活动，或者得到网红大咖的加持，将会有明显的流量提升。

若缺少这方面的资源，利用自媒体平台做推广也是不错的选择。例如传统音乐平台、视频网站、微博、微信公众号、今日头条等，都可以投入少量推广资金，帮助提升流量。

（6）数据反馈

在短视频发布之后，要为客户提供用户群数据分析报告，根据市场反馈和客户需求，适时调整运营策略。这也是检验短视频代运营团队是否合格的标志。这种直观的数据，直接影响了客户是否愿意与我们长期合作。

（7）账号监测

短视频的内容输出要符合平台的规定，一旦触及"禁区"将会对账号造成不可挽回的后果。因此，必须实时关注平台的规章制度，包括负面的热门话题，都不要涉及。

8.3.2 短视频代运营人员配置

对于原创短视频的团队而言，人员配置（见图8-4）。

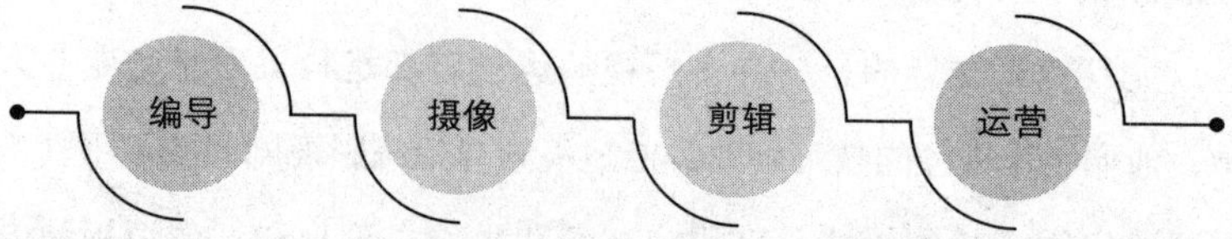

图 8-4 短视频代运营团队人员配置

（1）编导

编导是一个团队的核心，几乎一人身兼多职，要负责内容选题、内容策划、脚本编写、现场导演等。可以说一个视频的好坏，与编导息息相关。

（2）摄像

对于高质量的短视频来说，优质的摄像必不可少。如果想拍出堪比李子柒短视频的唯美画面，就需要有专业摄像，从打光、布景、服装造型出发，精致到每个细节。

（3）剪辑

普通的短视频剪辑非常简单，许多手机剪辑软件就能满足需求，但如果要做稍微复杂的剧情片和宣传片等，就需要专业的剪辑师了。

常用的电脑剪辑软件是Pr（Adobe Premiere PremierePro），它提供了采集、剪辑、调色、调音、字幕添加等一整套流程，完全能够满足我们创作高质量的视频内容。

另外，视频剪辑可能需要编导的配合，帮助剪辑师提炼视频主旨，让内容更具观赏性，符合受众喜好。

（4）运营

短视频代运营自然离不开“运营”，视频制作完成后何时发布，如何获取更多流量，如何留住用户，如何将粉丝转化为消费群体……这些都是运营人员需要考虑的问题。

而且，运营人员要时刻关注热点，分析用户喜好，了解市场需求，把获取的最新数据向编导反馈，以求对视频内容做出及时调整。

8.4 短视频课程：知识变现的方式

无论在什么时代，有一样东西永远值钱，那就是知识。当新的工具出现时，知识的传播方式也发生了变化。人们越来越期待足不出户，便可获取到海量信息，此时，短视频课程也得到了发展契机。

8.4.1 知识付费前景可观

随着“短视频+直播”的热度逐渐升高，越来越多的人开始关注线上课程。另外，现实生活的诸多因素也激发了人们为知识付费的欲望。

（1）时间因素

当代社会的学习与工作压力巨大，时时刻刻都在提醒人们需要不断地进步。很多时候，当我们看到比自己优秀的人还在努力时，便会因为挤不出时间学习而产生“知识焦虑”。

就算有闲暇时间，面对庞大复杂的信息也无从下手，于是“知识付费”就抓住了用户想要有效利用碎片时间充实自己的“痛点”，通过“知识付费”的模式提供视频课程，在很大程度上节省了用户筛选信息的时间与精力。

传统知识付费平台的课程时间不短，可能产生学习疲劳，而短视频课程的卖点或许就在于“短而有用”，更加方便用户在快节奏生活模式下学有所获。

（2）成本因素

没有“知识付费”的时代，想要学习一门新课程，需要到场咨询，为课程设置调整原本的时间安排，还要花掉不少交通费甚至是住宿费，加上课程本身的费用，真是一笔不小的开支。

而有了短视频课程，学员可以快速搜索想要学习的课程，按需购买，时间自由，无论何时何地都可以随时学习，还能反复看、反复听，性价比极高。

（3）社交因素

社交是我们生活的重要组成部分，而知识早已成为一种“社交货币”。

在短视频课程中学习的内容往往会演变成一种谈资，展示个人的喜好和素养，也能帮助我们快速找到志同道合的朋友。有时候，你只需要购买少量课程，就能获取超额的新知识，让你在某次的社交场合大放异彩。

《知识的边界》一书中提道：“当知识变得网络化之后，房间里最聪明的那个，已经不是站在屋子前头给我们上课的那个，也不是房间里所有人的群体智慧。房间里最聪明的，是房间本身：是容纳了所有的人与思想，并把他们与外界相连的那个网。”

我们可以想象人们将多么热衷于这张“最聪明的网”，短视频课程的出现，也让知识付费这张“网”增添了新的模式和生机。

8.4.2 哪些课程市场大

在选择运营知识类短视频时，我们除了要结合自身的专业知识进行之外，还要根据受众需求选择课程。如果我们自身的专业知识非常冷门，我们推出的短视频将会无人问津，自然也无法实现知识变现。

在经过一系列市场调研之后，我们发现，下面这些课程的市场受众群体庞大，比较适合新手选择：

（1）孩子教育类

孩子的教育问题，是每个父母、每个家庭都非常关注的事情，尤其是在目前“让孩子赢在起跑线上”的思维成为主流思想的情况下，孩子的教育问题成为整个社会关注的重点。

对于孩子的教育，主要分为两个层面：第一个层面是孩子的学习教育；第二个层面是孩子的日常行为教育。

【案例分享】

抖音上有一个专注于孩子教育的账号“思维学社”，这个账号发布的短视频内容非常有意思，主要是以漫画故事的形式，教导家长和孩子学会一些技能和常识。比如“尊重理解能使亲子关系更融洽”“对孩子进行情感引导”“你就是孩子最好的玩具”等。目前“思维学社”拥有两百多万粉丝。

（2）职场技能类

在众多短视频平台上，教授职场技能、职场礼仪等知识的账号也非常受欢迎。因为人们在职场中竞争激烈，为了在众多同事中脱颖而出，掌握更多的职场技能无疑是最好的方式之一。

同时，利用短视频学习职场技能，非常方便、快捷，能够迅速将这些知识运用到工作实践中去。

【案例分享】

抖音账号"秋叶 Excel”最开始以分享 Excel 技巧为主，他把相关技巧分割成了很多个短视频，这样不仅可以吸引很多粉丝，也方便粉丝对照学习。慢慢地，“秋叶 Excel”积累了大量粉丝，成为抖音红人。

成为抖音红人后，“秋叶 Excel”开始实施变现，他的变现方式是售卖自己的课程，由于前期已经积累了很多忠实粉丝，所以课程的报名情况相当不错。抖音上除了卖 Excel 课程的，还有卖 PPT、PS、英语 CAD 等课程的。

（3）情感攻略类

在抖音上有这样一类短视频账号，他们的简介通常是“情感咨询师”“人际沟通导师”等。这类情感攻略类账号，往往会采用剖析人们常见情感问题或是讲述情感故事的方式，来吸引用户注意，引起用户的共鸣。

【案例分享】

抖音账号“超级慧说话”就是这一类短视频账号的典型代表。在她的短视频中，常常会发出这些情感提问“不想爱了要不要离婚？”“和男人在一起不谈钱？”“爱一个人要不要整天粘着他？”等等。这些问题是很多人都正在面临或曾经感受过的情感困惑，通过解答这些问题，“超级慧说话”账号目前拥有了73万粉丝。

“超级慧说话”的变现方式也比较特别，她几乎很少打广告，主要的变现方式是在商品橱窗中放置各类情感类、励志类图书，引导粉丝购买。

“一分耕耘一分收获”，当我们用心制作短视频后，自然会受到用户的喜欢，变现机会也就接踵而至。